Geest-Verlag
Verlag für engagierte Literatur

Das Cover wurde gestaltet mit dem Ausschnitt des Bildes ‚Der letzte Baum' (46 x 42 cm, Pastell/Collage 2011)' der Düsseldorfer Künstlerin Karin Flörsheim

Das Buch entstand mit freundlicher Unterstützung des Landkreises Osnabrück und der Stadt Osnabrück

LANDKREIS OSNABRÜCK

OSNABRÜCK
DIE | FRIEDENSSTADT

Volker Issmer

FREMDE ZEIT – UNSERE ZEIT

Ein Lesebuch

Issmer, Volker
Fremde Zeit – Unsere Zeit
Ein Lesebuch
Mit einer Einführung von Karin Jabs-Kiesler
Titelbild von Karin Flörsheim
Vechta: Geest-Verlag, Vechta-Langförden

Verlag: Geest-Verlag,
Lange Straße 41a, 49377 Vechta-Langförden
Tel. 04447/856580 / Fax 04447/856581
Geest-Verlag@t-online.de
www.Geest-Verlag.de

Druck: Geest-Verlag

ISBN 978-3-86685-266-2

Printed in Germany

Vorwort

Liebe Mitbürgerinnen und Mitbürger,

wenn wir heute in Stadt und Landkreis Osnabrück mit dem Gestapokeller im Westflügel des Osnabrücker Schlosses und dem Augustaschacht in Hasbergen-Ohrbeck über im großen Umkreis anerkannte zentrale Gedenkstätten verfügen, die uns das Unrechtsregime der Nazis nicht vergessen lassen, dann verdanken wir dies im besonderen Maße dem Einsatz des Historikers Dr. Volker Issmer. Über Jahrzehnte hinweg hat er Belege insbesondere zu dem Umgang mit den Zwangsarbeitern in unserer Region während der NS-Diktatur zusammengetragen; diese Arbeit setzt er bis heute unvermindert fort. Damit liefert er eine wichtige Grundlage für die Arbeit in den beiden Gedenkstätten, die heute vom Land, von den Kommunen im Osnabrücker Land und Stiftungen getragen und unterstützt wird.

Neben der historischen Forschung hat sich Dr. Issmer zwischenzeitlich ein weiteres Feld erschlossen: Seit einigen Jahren tritt er nunmehr auch mit schriftstellerischen Arbeiten an die Öffentlichkeit. Verständlich, dass in seinen Romanen historische und politische Stoffe dominieren. Häufig mit Bezug zu realen Geschehnissen und dem Osnabrücker Land entwirft er seine Schilderungen zu Vorgängen während der Zeit des Mittelalters und des 30-jährigen Krieges in ‚Die Reise des Grals' und ‚Der tolle Christian', zur aktuellen Bedrohung der De-

mokratie und ihrer Werte in ‚The Master´s Lot – Der Anteil des Meisters' oder den Auswirkungen der Nazi-Verbrechen an Juden bis zur Jetzt-Zeit in ‚Zahngold'.
Im hier vorgelegten Buch bilden wiederum reale Ereignisse im Bezug zur NS-Zeit bzw. während der Vorkriegs- und Kriegsjahre die Folie für 20 kurze Erzählungen des Schriftstellers Dr. Volker Issmer. Die historischen Daten, die er jeweils im Abspann der Erzählungen anführt, waren ihm Anstoß für seine Interpretation und Schilderung des Geschehens von damals – vielfach spielen dabei der Gestapo-Keller in Osnabrück und vor allem das Zwangsarbeiterlager bzw. Gestapo-KZ im Augustaschacht eine zentrale Rolle. In einer Zeit, in der immer weniger unmittelbar Überlebende oder Zeitzeugen an das Geschehen von damals erinnern können, suchen wir, liebe Mitbürgerinnen und Mitbürger, nach Formen, wie wir die Erinnerung an damals – Dr. Issmer nennt sie eine „fremde Zeit" – wachhalten können.

Erinnerung ist notwendig, denn zu Recht heißt es am Kloster Brunshausen in Bad Gandersheim, wo sich während der Nazi-Diktatur eine KZ-Außenstelle des Lagers Buchenwald und ein Zwangsarbeiterinnenlager befanden: „Wer die Geschichte vergisst, ist verdammt, sie zu wiederholen." Neben der politischen Bildung, der sich unsere Gedenkstätten verpflichtet fühlen und die sie engagiert betreiben, sind es vor allem künstlerische Ausdrucksformen, mit denen man Bilder wachrufen und Vergangenes präsent machen kann. Hier geschieht es nun mit den Mitteln des Schreibens, der Arbeit des

Schriftstellers. Der Schriftsteller will nicht einfach abbilden und er ist kein Chronist, der wahrheitsgetreu ein historisches Geschehen beschreiben will. Der Schriftsteller lässt sich vielmehr durch historische Daten anstoßen, um dann unter Einsatz der eigenen Kreativität und Vorstellungskraft eine – von den konkreten Daten und Vorgängen durchaus abgesetzte – symbolhafte und typische Darstellung von Situationen und Handlungen mit literarischen Figuren als Handlungsträgern von damals zu liefern. Und dies geschieht in dem von Dr. Volker Issmer vorgelegten Buch gerade durch den Bezug zu unserer hiesigen Situation in begrüßenswerter Weise. Deshalb wird dies Werk das Interesse aller historisch und politisch engagierten Mitbürgerinnen und Mitbürger finden. Wir besitzen darüber hinaus mit diesem Buch einen weiteren wichtigen Baustein für die angesprochene politische Bildung in unseren schulischen und außerschulischen Einrichtungen.

Dem Autor Dr. Volker Issmer gebührt deshalb für diese Arbeit unser herzlicher Dank.

Osnabrück, im Juni 2010

Manfred Hugo,
Landrat

Boris Pistorius,
Oberbürgermeister

Inhaltsverzeichnis

Volker Issmer: Fremde Zeit – Unsere Zeit
Persönliche Anmerkungen zur Einführung

Die vorliegenden zwanzig Erzählungen von Volker Issmer zur NS-Vergangenheit in unserer Region werden niemanden gleichgültig lassen. Denn es sind bewegende Geschichten, in denen „Geschichte zum Greifen" nahe kommt, wie es in einem Pressebericht (NOZ vom 7.7.2010) heißt, der die archäologische Grabungsarbeit junger Leute an der Gedenkstätte Augustaschacht in diesem Sommer beleuchtet.

Augustaschacht – damit ist der Ort genannt, der für den Autor seit vielen Jahren im Mittelpunkt nicht nur seines Forschens, sondern ebenso sehr im Mittelpunkt seines Denkens und Fühlens steht. Seine Empathie für die Opfer und Helfer, aber auch sein Nachdenken über die Täter und deren Prägung in ihren Familien oder durch die NS-Ideologie sind in allen Geschichten spürbar. Meines Erachtens sind diese Erzählungen in jeder Weise Beleg dafür, wie Volker Issmer die Frage der Weitergabe des Erforschten umtreibt, wie er die Verantwortung für die Notwendigkeit der Erinnerung im Blick behält, um dem Vergessen entgegenzuwirken.

Wie notwendig die Auseinandersetzung mit der NS-Zeit nach wie vor bleibt, das haben uns in den letzten Jahren nicht nur Fremdenhass und die dadurch ausgelösten Angriffe auf Asylbewerberheime und vieles mehr gezeigt, sondern auch Ausschreitungen gegen jüdische Einrichtungen, seien es Synagogen, Museen, Gedenkstätten. Wie intensiv Letztere überwacht werden müssen in unserem Lande – im Unterschied etwa zu Dänemark –, das mag sich jeder beim Besuch des Jüdischen Museums in Berlin vor Augen führen. Paul Spiegel, der damalige Vorsitzende des Zentralrats der Juden in Deutschland, hat in seiner Rede zum 9. November 2000 aus gutem Grund gefragt: „Ist es etwa deutsche Leitkultur, Fremde zu jagen, Synagogen anzuzünden, Obdachlose zu töten?“

Die meisten Leser wissen, wie lange es nach dem Krieg gedauert hat, ehe eine breitere Aufarbeitung des unsäglichen Geschehens während der Hitler-Diktatur einsetzte. Viele der älteren Generation werden sich an die Verjährungsdebatten im Bundestag in den 60er-Jahren, ebenso wie an den Frankfurter Auschwitz-Prozess 1964 erinnern. Sie wurden von jenen aufmerksam verfolgt, denen früh schon klar war, dass Demokratie auf einem Fundament von Lügen und Verdrängen, von Wegschauen und Verharmlosen nicht bestehen kann. Aber erst Ende der 70er-Jahre erfolgte mit der Ausstrahlung des amerikanischen Films ‚Holocaust‘ und der sich jeweils anschließenden Diskussion im Fernsehen eine spürbare Erschütterung in weiten Teilen der Bevölkerung. Und Mitte der 80er-Jahre setzte mit der berühmten Rede Richard von Weizsäckers zum 40. Jahrestag des Kriegsendes eine neue Stufe der Aufklärung ein über das, was die Nationalsozialisten in Deutschland und darüber hinaus angerichtet hatten. Aus gutem Grund betonte der Bundespräsident damals: „Wer vor der Vergangenheit die Augen verschließt, wird blind für die Gegenwart. Wer sich der Unmenschlichkeit nicht erinnern will, der wird wieder anfällig für neue Ansteckungsgefahren."

Ich lasse einmal dahingestellt, ob diese Rede und dieser Appell mit dazu geführt haben, in Osnabrück die Dinge weiter zu bewegen. Es gilt in jedem Fall festzuhalten, dass in kurzem Abstand gegen Ende dieses Jahrzehnts sowohl die Gründung der Remarque- wie der Nussbaum-Gesellschaft erfolgte und sich wenig später die Calmeyer-Initiative bildete. Auch der Verein Gedenkstätte Gestapokeller sowie der Verein Initiative Augustaschacht Ohrbeck wurden gegründet, an deren Arbeit sich inzwischen Stadt und Landkreis Osnabrück beteiligen, zumal sich mittlerweile am Augustaschacht ein historischer Lernstandort entwickelt hat. Die genannten fünf Vereine bilden zusammen eine der Säulen für die Friedensarbeit der Stadt Osnabrück. Aber mit dieser Feststellung ist es natürlich nicht getan. Es bleibt unendlich viel zu tun, um gerade die jüngere Generation einzubinden und sie u. a. mit der Frage zu konfrontieren, wie sie sich damals verhalten hätte, wo helfend hätte eingeschritten werden können, ob man sich der täglichen ideologischen Beeinflussung hätte entziehen können und vieles mehr. Welche Bedeutung die Begegnung mit der handgreiflichen Wirklichkeit eines Originalschauplatzes der lokalen Geschichte hat, das unterstreicht Manfred Blieffert (Musik- und Kunstschule der Stadt Osnabrück) in seinem Projektbericht von den ersten Ausgrabungen am Augustaschacht im Herbst 2000. Er sagt: „Wer sich in einem derartigen Projekt der Grausamkeit des Ortes aussetzt, wer die eigenen psychischen Schutzmauern verlässt und sich wahrnehmend öffnet, der erscheint gegen Anfechtungen eines aufkommenden Neonazismus gefeit."

Dieses ‚Sich wahrnehmend Öffnen' erscheint mir eine passende Formulierung auch für die vorliegenden Erzählungen Volker Issmers, die so viele Aspekte der damaligen Lebenswirklichkeit einfühlsam beleuchten und die uns ermöglichen, ganz unterschiedliche Situationen zu erfassen und zu begreifen, was die Menschen bewegt und sie angetrieben hat, bisweilen erst lange nach dem Geschehen. Das gilt zum Beispiel für die Erzählung ‚Das Plädoyer', in der es um einen Prozess im Jahre 1964 geht. Ausgelöst worden war das Verfahren durch eine Zeitzeugin, der der Mord an zwei ehemaligen Zwangsarbeitern, einem Polen und einem Russen, fast zwei Jahrzehnte lang keine Ruhe ließ. Die beiden jungen Männer waren im April 1945 von einem Mitglied des in Wellendorf gebildeten Selbstschutzes im Wald erschossen worden. Der Pflichtverteidiger setzt nun in seinem Schlussplädoyer alles daran, für den Angeklagten einen Freispruch zu erwirken, wobei er sich all der Argumente bedient, die bis heute in den Köpfen mancher Zeitgenossen festsitzen. Beinahe wäre dem Verteidiger der Begriff ‚jüdisch-kommunistischer Ideologe' (gemeint ist Ilja Ehrenburg) über die Lippen gekommen. Auffällig ist, dass an keiner Stelle des Plädoyers auch nur ansatzweise Verständnis für die Lage der Fremdarbeiter erkennbar wird, geschweige denn ein Nachdenken über deren leidvolle Vorgeschichte. Der junge Anwalt erweist sich mit seiner Argumentation, für die er viel Zustimmung bei den Zuhörern erhält, als typischer Vertreter der Juristenschaft jener Jahre. Erst 2002 kommt es in Niedersachsen zu einer Wanderausstellung ‚Justiz im Nationalsozialismus – Über Verbrechen im Namen des Deutschen Volkes', die auch in Osnabrück im Landgericht gezeigt wird. Und im Jahre 2007 wird an gleicher Stelle eine Ausstellung über Hans Calmeyer gezeigt, der als Jurist so vielen Juden in den Niederlanden das Überleben ermöglicht hat, ergänzt um eine andere wichtige Ausstellung unter dem Thema ‚Anwalt ohne Recht – Schicksale jüdischer Rechtsanwälte im Bereich des heutigen Oberlandesgerichtes Oldenburg'. An den Tod zweier Juristen unter ihnen, Dr. Adolf Cohen und Dr. Hugo Schulhof, erinnern mittlerweile Stolpersteine vor dem Haupteingang des Gerichtsgebäudes am Neumarkt.

Was die oben erwähnte Bezeichnung ‚Arbeitszuchtlager' betrifft, so macht sie im Grunde deutlich, dass den Menschen wohl bewusst war, dass es sich dort nahe Ohrbeck um eine Art KZ handelte und die Behandlung für die dort Eingewiesenen entsprechend war. Die Erzählung ‚Das Kinderlied' macht das besonders deutlich. Ein kleiner Junge schleicht sich ohne Wissen der Mutter in die Nähe des Lagers am Augustaschacht und erlebt dort wiederholt, wie neu angekommene Häftlinge angetrieben werden, wieder und wieder einen Hang zu erklettern, dabei geschlagen und verhöhnt werden, viele blutend liegen bleiben. Es gibt eine ganze Reihe erwachsener Zuschauer am Zaun, die lachen und applaudieren und offenbar mit Genugtuung zur Kenntnis nehmen, was der Anführer brüllt: „Hier wird allen faulen Ausländern beigebracht, was in Deutschland arbeiten heißt." Damit nimmt der Autor unmittelbar Bezug auf den Runderlass Heinrich Himmlers vom 28. Mai 1941, der die Errichtung von sog. Arbeitserziehungslagern forderte auf Grund der zunehmenden ‚Arbeitsverweigerung' von im Reich eingesetzten zivilen ausländischen Arbeitskräften. Es heißt darin: „Arbeitskräfte, die die Arbeit verweigern oder in sonstiger Weise die Arbeitsmoral gefährden, sind zusammenzufassen und dort zu geregelter Arbeit anzuhalten. Die Arbeitserziehungslager sind ausschließlich zur Aufnahme von Arbeitsverweigerern und arbeitsunlustigen Elementen, deren Verhalten einer Arbeitssabotage gleichkommt, bestimmt. Die Einweisung verfolgt einen Erziehungszweck." Die Wortwahl des Erlasses spricht für sich.

Die Stadt Osnabrück hat sich bereits vor etwa einem Vierteljahrhundert dazu entschlossen, als ein Zeichen der Versöhnung frühere jüdische Mitbürger einzuladen, später auch ehemalige Zwangarbeiter, die in den zahlreichen Kriegsgefangenenlagern in Osnabrück zur Zwangsarbeit verpflichtet worden waren. Sie kamen aus Frankreich, Belgien und den Niederlanden, aus Polen, der Ukraine und Russland, auch aus Serbien. Am

Piesberg befand sich mit etwa 2.000 vorwiegend russischen Kriegsgefangenen eines der größten Lager. Vielleicht ermöglicht die Schilderung des Schicksals einzelner dieser Zwangsarbeiter in diesem Buch, deren spätere Forderung nach Entschädigung weniger empört zu sehen als manche politisch Verantwortliche im Jahre 2003. Ich möchte die sog. Hohman-Affäre hier nicht weiter vertiefen, schließlich hat die CDU-Bundestagsfraktion ihn auf Grund seiner Rede am 3. Oktober 2003 in seinem Wahlkreis bei Fulda mit Zweidrittelmehrheit aus der Fraktion ausgeschlossen. Aber die im Vorfeld von diesem früheren Mandatsträger gestellte Anfrage an den Bundestag verdeutlicht doch, wie abwegig gar nicht so wenigen Deutschen die Zahlung von Entschädigungen erschien. Die Anfrage lautete: „Ist die Bundesregierung bereit, sich auch für deutsche Zwangsarbeiter einzusetzen, nachdem für ausländische und jüdische Zwangsarbeiter 10 Milliarden zur Verfügung gestellt worden sind?“

Die damalige Debatte offenbart trotz vieler Bemühungen um unsere belastete Vergangenheit, dass – so die Auffassung von Thomas Schmid in der Frankfurter Allgemeinen Sonntagszeitung im November 2003 – wir nicht am Ende, sondern erst am Anfang dieses Prozesses stehen. In diesem FAS-Artikel wird auch das Ergebnis einer repräsentativen Umfrage angesprochen. Danach waren sich 56 % der Befragten sicher, dass ihre Eltern und Großeltern entschiedene Nazi-Gegner gewesen seien und das auch hätten erkennen lassen. Meines

Erachtens gehört bis heute ungeheuer viel persönliche Einsicht und Einfühlungsvermögen dazu, sich auch der je eigenen Familiengeschichte zu stellen und dabei Abschied zu nehmen von dem oft ausschließlichen Blick auf die eigenen Leiden und Entbehrungen während und zunehmend gegen Ende des Krieges. Das Bemühen um Wahrhaftigkeit ist für den gesamten Zeitraum ab 1933 immer wieder gefordert. Deshalb möchte ich an dieser Stelle einen Ausschnitt aus einer Rede Willy Brandts einfügen, die er am 10. Mai 1983 – dem 50. Jahrestag der Bücherverbrennung – hier in Osnabrück gehalten hat:

„Die hier Geist und Zivilisation ‚erledigen' wollten, waren kein Kabarettspuk, sondern Teil einer schrecklichen, unglaublichen Wirklichkeit. An diesem 10. Mai vor fünfzig Jahren ging es längst nicht mehr bloß um symbolische Verbrennungen ... Arbeiter sowie Intellektuelle waren schon real Gefangene, leibhaftig Gefolterte. Und es wären noch viel mehr gewesen, wenn sie sich nicht ins Ausland gerettet hätten vor der mordlüsternen Bestie, zu der die Nazis Deutschland machten. Die Scheiterhaufen waren eine schaurige Demonstration der Absage an den Geist, kitschig und brutal, dazu noch fälschliche Berufung auf das Wartburgfest. Studentische SA in Braunhemd oder in vollem Wichs, grölend und ergriffen vor den Flammen. Und jene Professoren, die die passenden Reden beisteuerten, sie gaben vor, die deutsche Kultur schützen zu müssen, und taten es, indem sie verbrennen ließen, was sie ausmachte."

Die 1954 in Paris geborene Autorin Cécile Wajsbrot hat für mich die notwendige Einsicht in sehr bewegende Bilder und Worte gefasst. Sie stellt angesichts eines Gemäldes von Caspar David Friedrich – Eichbaum im Schnee – folgende Betrachtung an: „Die hundertjährigen Bäume im Tiergarten ... wurden von den Leuten zu Brennholz geschlagen, denn die Berliner froren, auch wenn sie sich nicht um das Schicksal der nackten Männer, der Frauen und Kinder geschert hatten, die im Morgengrauen gnadenlos zum Appell antreten mussten vor ihren trostlosen Baracken, ... ausgerechnet sie froren, die nie an die Kälte gedacht hatten, die die Deportierten aushalten mussten, an das Eis, an die endlosen Schneeflächen, an diejenigen, die keinen Park hatten, in dem man übriggebliebene Bäume fällen konnte. Aber das war nicht ihre Schuld, jedenfalls nicht ganz, sie hatten es nicht bemerkt, das hatten sie eigentlich nicht gewollt, man muss sich nur die Wochenschauen ansehen mit den versteinerten Gesichtern der Weimarer, die von den Amerikanern durch Buchenwald geführt wurden, ihre Bestürzung angesichts der Leichengruben, der bis aufs Skelett abgemagerten Gesichter und Körper, man muss nur den Schockzustand sehen, in dem sie sich befanden, um zu verstehen, dass sie nicht mitgemacht hätten, wenn sie das gesehen hätten. Leider wussten sie es nur in abstracto, sie kannten die Gesetze, die Beschränkungen, den langsamen Weg von der Unmöglichkeit, ein normales Leben zu führen, zu der Unmöglichkeit, am Leben zu bleiben, sie wussten davon, aber sie wandten die Augen ab.“ Und dann listet die Autorin all diese Gesetze auf, die heute in Berlin/Schöneberg am Bayrischen Platz auf Schildern zu lesen sind.

Heute liegt es an uns, die Augen nicht mehr abzuwenden. Heute liegt es an uns, auch jene ins öffentliche Bewusstsein zu rufen, die den Mut hatten, „dazwischen zu treten“ wie Luise Lütkehoff, der die letzte Erzählung gewidmet ist. Es gelingt künftig hoffentlich immer mehr, den Kontakt zur jüdischen Gemeinde zu intensivieren, deren neues Zentrum so viel Helligkeit und Zuversicht ausstrahlt und deren Kinderchor zu hören und zu erleben eine einzige Freude ist.

Deshalb möchte ich zum Schluss noch auf eine weitere Erzählung in der vorliegenden Sammlung eingehen. In ‚Der Fund' geht es um die Entdeckung einer Mikwe bei Freunden, also um ein jüdisches Tauchbad. Die Anlage in einer Felswand wird von mehreren Anwohnern zur Zeit als kühler Abstellraum genutzt. Von einer jüdischen Gemeinde in diesem Ort, von einer Synagoge, gar von einem rituellen Tauchbad namens MIKWE hatten die Freunde noch nie gehört. Soll die Öffentlichkeit nun über diese Entdeckung informiert und damit möglicherweise die private Ruhe der Anwohner gestört werden? Ich möchte mich der Seite anschließen, die dies befürwortet, auch wenn dafür intensive Überzeugungsarbeit geleistet werden muss. Denn wenig genug ist erhalten bei allem, was vernichtet wurde. Und dass die Geschichte der Juden in unserem Lande seit dem frühen Mittelalter mit zu unserer Kultur gehört, das

sollte eine Erkenntnis sein, die uns allen nicht nur wohl anstünde, sondern die uns auch befreien könnte von ideologischen Scheuklappen, die allzu lange beibehalten wurden.
Möge diese Sammlung von Geschichten aus einer uns heute so fremd und fern erscheinenden Zeit viele aufmerksame und mitfühlende Leser finden.

Karin Jabs-Kiesler im Juli 2010

Das Foto

Die Berge – er fürchtete sie. Jedenfalls diese. Wenn er aus dem Fenster ihrer Ferienwohnung schaute, sah er sie schroff emporragen, Gipfel hinter Gipfel.
Die Berge zu Hause waren ganz anders. Sie lagen um die Stadt herum wie ferne dunkle Mauern, die aber nicht so hoch waren, dass sie den Himmel aussperrten. Man konnte an die Berge heranfahren. Onkel und Tante hatten ihn damals mitgenommen, als sie mit dem neuen Auto einen Ausflug machten. Der Onkel hatte noch vor dem Vater ein Auto bekommen, weil er Arzt war und das Auto brauchte, um die Kranken zu besuchen. Bei dem Ausflug waren sie an den Berg herangefahren, von dem der Onkel sagte, dass er der höchste des Gebirges sei. Der Aufstieg war aber gar nicht schwierig gewesen. Sie kamen zu einem Aussichtsturm, der im Wald auf einer Lichtung stand. Er hatte sich gefürchtet, den Turm zu besteigen, weil er leicht schwindlig wurde. Aber Tante Röschen hatte ihn an der Hand genommen und war ganz langsam mit ihm hinaufgestiegen, mit vielen Pausen, bis sie oben waren. Das Hinunterkommen danach war leichter gewesen.
Auch in der Stadt gab es Berge. Aber sie waren nicht höher als die Türme der alten Kirchen, die zu ihren Füßen standen. Da gab es einen Berg, auf den die Verrückten kamen, wie der Bruder sagte. „Du gehörst auf den Gertrudenberg!“ – den Spruch bekam er häufig zu

hören. Auf einem anderen Berg lag der Tiergarten, in dem er mit seiner Schulklasse gewesen war. Das war schön gewesen, sie hatten Füchse und Igel und Eichhörnchen gesehen. Förster wollte er seitdem werden. Sie selbst wohnten auch auf einem Berg, in einem Haus mit einem Garten drum herum. Um zur Schule zu kommen, musste er nur den Berg hinunterlaufen, dann war er da. Zurück ging es etwas langsamer, auch weil sie da zu mehreren waren. Aber es dauerte nicht lange, und er war wieder zu Hause.
Auf dem Berg zu wohnen, war etwas Besonderes, das wusste er inzwischen. Nur die Reichen wohnten da, hatte einer aus seiner Klasse gesagt, der selbst nicht auf dem Berg wohnte. Ob sie wohl zu den Reichen gehörten? Der Vater hatte ein Geschäft in der Stadt, in dem viele Leute einkauften. Früher war das Geschäft nicht so groß gewesen, und es hatten auch nicht so viele Leute dort eingekauft. Sie sind lieber zum Juden gegangen, sagte der Bruder. Aber inzwischen wussten die Leute, dass der Jude betrügt, und kauften nicht mehr bei ihm, sondern beim Vater. Der Bruder war vier Jahre älter als er, ging aufs Gymnasium und war Pimpf beim Jungvolk. Zu Hause machte er sich wichtig, jetzt, wo die Mutter im Sanatorium war und Tante Röschen nicht mehr kam. Er glaubte wohl, er hätte das Sagen.
„Bist du endlich so weit, du Träumsuse?“ Das war die Stimme des Bruders. „Los, komm runter! Der Vater wartet schon. Du weißt doch, dass wir heute noch was vorhaben.“

Er stieg die Treppe hinunter, an deren Fuß der Bruder stand, der ihn mit einem Knuff empfing und Richtung Eingang schob. Draußen am Auto wartete der Vater. Er trug seine braune Uniform mit den Abzeichen aus dem Krieg. Der Bruder hatte als Pimpf eine kurze schwarze Hose an, dazu Kniestrümpfe, graues Hemd und Halstuch. Er selbst trug wie immer seine Lederhose, dazu die Trachtenjacke, die er sonst nur sonntags anziehen durfte. Der Vater hatte es so gewollt. Ob sie so auf den Berg steigen würden? Von den Bergschuhen allerdings hatte der Vater nichts gesagt. Aber besser, er fragte nicht. Sonst würde ihn der Bruder nur wieder als Dummkopf bezeichnen.
Der Vater machte eine ungeduldige Handbewegung, und sie stiegen ein. Wie immer setzte sich der Bruder nach vorn. Er selbst nahm auf dem Rücksitz Platz. Dagegen hatte er nichts, im Gegenteil. Da konnte er nach draußen schauen, so viel er Lust hatte. Vorne zu sitzen bedeutete, dem Vater genau zuhören zu müssen und auf seine Fragen zu antworten. Denn der Vater wollte wissen, ob er auch alles verstanden habe.
Sie fuhren los und kamen durchs Dorf. Die Leute auf der Straße blieben stehen und starrten das Auto an, als es langsam an ihnen vorbeirollte. Im Dorf gab es kaum Autos. Es war ihm peinlich, so angeschaut zu werden. Er drehte den Kopf vom Fenster weg und rückte ein Stück in die Mitte des Wagens, bis sie die Häuser hinter sich gelassen hatten. Dann drückte er das Gesicht wieder an die Scheibe.

Der Vater sprach heute wenig, ganz gegen seine sonstige Gewohnheit. Der Bruder war auch eher schweigsam. Vielleicht ist es, weil sie Uniform tragen, dachte er. Er wusste, dass es etwas Besonderes war, wenn sie das taten.
Sie fuhren jetzt am Ufer eines Sees entlang. Auf der anderen Seite standen die Berge. Sie waren schroff und hoch, und ihre Gipfel ragten weiß über den Wald empor. Sie spiegelten sich im Wasser, sodass es aussah, als seien sie noch einmal da, aber auf den Kopf gestellt, mit dem Ufer als Trennlinie. Das erinnerte ihn daran, wie er einmal in einem Heft gemalt und es versehentlich zugeklappt hatte, bevor die Farbe getrocknet war. Danach war das Bild auch doppelt da gewesen, auf den beiden aufgeklappten Seiten. Aber jedes hatte zum anderen verkehrt herum gestanden, wie hier die Berge. Und was wäre, wenn man die auch zusammenklappen könnte? Dann wären sie auf einmal verschwunden. Er müsste sie nicht mehr besteigen, um sich zu „ertüchtigen", wie der Vater es nannte. Sie würden ihn nicht mehr schwindlig machen. Es würde sie einfach nicht mehr geben, solange keiner sie wieder aufklappen würde. Und er würde das nicht tun, bestimmt nicht.
Berge zusammenklappen – was das für einen Knall und Staub geben würde! Er musste lachen.
„Was gibt's denn so Komisches?" Der Vater hatte sich zu ihm umgedreht. Gleichzeitig verringerte er die Geschwindigkeit, bis der Wagen zum Stehen kam.
Er suchte nach einer Antwort, aber ihm fiel nichts ein.
„Der Kleine spinnt mal wieder", sagte der Bruder zum

Vater. Dann war er an der Reihe. „Wenn er dich anspricht, dann sag was! Aber was Gescheites, hörst du? Dass du uns ja keine Schande machst nachher!"
„Tu bloß nicht immer so großartig!" Der Bruder spielte sich mal wieder auf. „Und außerdem, wer ist denn dieser er? Wo fahren wir eigentlich hin?"
„Ruhe! Jetzt streitet euch nicht!" Die Stimme des Vaters duldete keinen Widerspruch. „Aber dein Bruder hat recht. Pass nachher genau auf, wenn du etwas gefragt wirst, und dann antworte kurz und knapp. Wir fahren zum Führer. Du weißt doch, wer das ist? Du wirst sehen, er ist sehr freundlich", fuhr er fort, ohne eine Antwort abzuwarten. „Es ist eine große Ehre, dass wir ihn besuchen dürfen. Ich habe es erst heute Morgen erfahren. Er mag Kinder sehr gern. Du brauchst also keine Angst vor ihm zu haben." Er fuhr wieder an.
Also das war das Ziel ihrer Fahrt. Sie würden nicht wieder einen Berg besteigen, sondern den Führer sehen. Immer wieder hatte der Bruder davon gesprochen, dass der Führer ganz in der Nähe sei und jeder ihn besuchen dürfe, der zum Jungvolk gehöre. Er hatte das für die übliche Aufschneiderei gehalten. Aber nun hatte es auch der Vater gesagt und außerdem seine Uniform angezogen. Da musste es wohl stimmen.
Wer der Führer war, wusste er. Im Klassenraum hing ein Bild von ihm, und er hatte ihn auch schon im Radio gehört. Der Mann auf dem Bild sah streng aus, und die Stimme aus dem Radio klang so, als schimpfe er dauernd. Er hatte sich davor gefürchtet. Aber die Lehrer sagten, alle müssten den Führer lieben, weil er der

Retter vor dem Juden sei, und der Vater und der Bruder hatten das auch gesagt.
Wer war eigentlich ‚der Jude', von dem sie immer sprachen? Ein einzelner Mann? Aber dann hieß es wieder, die Juden seien überall und bedrohten die Deutschen. Und jüdische Frauen gab es auch, das wusste er genau. Denn Tante Röschen war eine davon.
Irgendwann war sie nicht mehr gekommen, und er hatte sie auch nicht besuchen dürfen. Wenn er gefragt hatte, hieß es zuerst, sie sei krank oder verreist. Später wurde gesagt, der Onkel habe sich von ihr getrennt, weil sie Jüdin sei. Da wusste er schon, dass das etwas Schlechtes bedeutete. Aber er hatte es nicht verstanden, weil der Onkel sie doch immer „mein Röschen" nannte und sie niemandem etwas tat, sondern immer gut zu ihnen war, wenn sie ins Haus kam und die Familie versorgte, weil die Mutter krank war. Er hatte geweint, als er Tante Röschen nicht mehr sehen durfte. Da hatten sie geschimpft und ihm verboten, über sie zu sprechen. Und der Bruder hatte gesagt, wenn sie jemals wiederkäme, würde er sie aus dem Haus schmeißen. Das sei der Befehl des Führers, dem jeder Pimpf gehorchen müsse.
Ob der Führer wusste, dass Tante Röschen anders war? Vielleicht hatte er bisher nur Juden gekannt, die schlecht waren. Aber sicher kannte er Tante Röschen nicht. Wie sollte er das auch, wenn er in der Hauptstadt oder hier in den Bergen wohnte? Wenn er sie kennen würde, würde er sie sicher mögen. Und er würde nicht zulassen, dass sich der Onkel von ihr

trennte. Tante Röschen würde wieder zu ihnen nach Hause kommen, und alles wäre wie früher.
Die Fahrt schien kein Ende zu nehmen. Die Landschaft wechselte. Wälder, Wiesen und Felder zogen vorbei, Brücken spannten sich über wild schäumende Bäche, und ab und zu passierten sie ein Dorf, das aussah wie das, in dem sie wohnten. Aber immer ragten ringsum schroffe Felswände in die Höhe, überragt von weißen Gipfeln.
Schließlich gelangten sie in einen größeren Ort. Auf der Straße waren viele Menschen, und sie konnten nur langsam fahren. Die Häuser, an denen sie vorbeikamen, waren groß und hatten bunte Blumen vor den Fenstern. Auf Schildern standen Namen, die er nicht immer lesen konnte. Er war stolz, wenn er es mal schaffte. Dann hätte er es gern dem Vater gesagt. Er wagte es aber nicht, weil er den Spott des Bruders fürchtete.
Sie kamen zu einem weiten Platz, auf dem schon andere Autos und auch einige Busse standen. Sie stiegen aus. Nach dem Weg zu fragen, brauchten sie nicht, denn alle, die sie trafen, schienen in eine Richtung zu gehen. Sie mussten sich nur einreihen.
Der Weg führte allmählich in die Höhe und schließlich auf eine freie Fläche hinaus, hinter der Gebäude standen. Er war sehr aufgeregt und spürte, wie sein Herz klopfte. Die Menschen formierten sich jetzt und bildeten größere und kleinere Gruppen. Er sah Jungen, die eine ähnliche Uniform wie der Bruder trugen. Aber sie waren schon älter. Der Bruder stieß ihn an. „Hitlerju-

gend!“, sagte er aufgeregt und wies auf den Wimpel, den einer der Jungen emporhielt. Von weiter her klangen die hellen Stimmen von Mädchen, die ein Lied sangen, das er von der Schule her kannte. „Auf, auf, ihr Wandersleut“ begann es. Er mochte das Lied. Vielleicht mochte es der Führer ja auch, sonst würden sie es ja nicht vor ihm singen. Er konnte die Mädchen nicht sehen, da sie von den Größeren ringsum verdeckt wurden. Er hätte sich gewünscht, der Vater würde ihn auf seine Schultern setzen, wie er das früher manchmal getan hatte. Aber der Vater hielt ihn fest an der Hand, während er mit einem Mann in schwarzer Uniform sprach. Dann traten sie etwas zur Seite.

„Wir müssen warten, bis wir aufgerufen werden“, sagte der Vater. „Aber wenn die Maiden mit dem Singen fertig sind, kommen wir dran. Das hat der SS-Mann gesagt. Ich hol schon mal meine Kamera raus.“ Er nahm den Apparat aus der Tasche, die er über der Schulter trug.

„Vati, darf ich den Führer fragen, ob er nicht dafür sorgen kann, dass Tante Röschen wieder zurückkommt? Weil sie eine gute Jüdin ist und bestimmt nichts Böses getan hat.“

Der Vater, der gerade an seinem Fotoapparat hantierte, hielt plötzlich still. Dann blickte er auf. Sein sonnengebräuntes Gesicht sah auf einmal ganz grau aus, kam es ihm vor.

„Du bist wohl völlig verrückt geworden!“, zischte der Bruder. „Wenn du das tust ...!“ Er trat auf ihn zu und ballte die Fäuste.

Der Vater zog ihn zurück. „Er weiß doch nicht, was er da sagt", sagte er. „Überlass das bitte mir!" Er hatte halblaut gesprochen, aber mit solcher Eindringlichkeit, dass die Leute in der Nähe erstaunt zu ihnen herüberblickten. Der Bruder trat zurück.

„Jetzt pass mal auf!" Die Stimme des Vaters hatte wieder ihren normalen Klang. „Du wirst den Führer gar nichts fragen, verstehst du? Der Führer kann sich nicht um Tante Röschen kümmern. Er hat dazu keine Zeit. Er hat zu viel zu tun. Wir dürfen ihn damit nicht belästigen, verstehst du?" Er sah ihn eindringlich an. „Aber wenn du mir versprichst, dass du nichts sagst, dann versprech' ich dir, dass Tante Röschen zurückkommt. Ist das in Ordnung?"

Er nickte.

„Dann gib mir die Hand drauf." Er gab sie ihm, und der Vater drückte so fest zu, dass es schmerzte. Dann ließ er sie wieder los.

„Aber ..!" Der Bruder wollte etwas sagen. Unter dem Blick des Vaters verstummte er.

Der Mann in der schwarzen Uniform kam, um sie zu holen. Sie folgten ihm ein paar Stufen hoch auf eine Terrasse. Gerade zogen die Mädchen ab, die gesungen hatten. Aus einer Gruppe von Personen, die am Geländer stand, löste sich ein kleiner Mann. Er trug einen Anzug und einen Hut, dessen Krempe tief ins Gesicht gezogen war. Auf der Oberlippe hatte er einen kleinen schwarzen Schnurrbart, der Mund darunter lächelte. Der Mann kam ihnen entgegen, und der Vater und der Bruder nahmen Haltung an, wie sie das nannten. Der

Führer schüttelte erst dem Vater, dann dem Bruder und dann ihm die Hand. Er fragte ihn, wie er heiße und wie alt er sei, und er sagte es ihm. Dann fragte er den Bruder nach dem Jungvolk und den Vater nach dem Krieg, und sie antworteten ihm. Der Vater fragte, ob er ein Foto machen dürfe, und der Führer erlaubte es. Er stellte sich zwischen ihn und den Bruder und legte ihnen beiden die Hände um die Schultern, während der Vater fotografierte. Dann wandte der Führer sich um und ging zurück zu der Gruppe, die am Geländer stand. Der Mann in der schwarzen Uniform erschien und führte sie wieder die Treppe hinunter. Dann verschwand er. Der Vater ging vorweg. Er folgte mit dem Bruder, aber sie sprachen nicht miteinander. Dann waren sie wieder beim Auto. Der Vater öffnete, sie stiegen ein und setzten sich auf ihre Plätze.

„Wann kann ich denn endlich Tante Röschen sehen?" Er stellte die Frage, bevor der Vater losfahren konnte.

„Sag du es ihm!" Der Vater hatte sich an den Bruder gewandt. Dann startete er den Wagen. Der Bruder drehte sich um und rief ihm durch den Lärm zu: „Tante Röschen ist doch längst tot. Sie hat sich das Leben genommen, nach der Scheidung, mit Tabletten oder sowas. Das war auch das Beste für sie. Ich weiß es schon lange. Aber dir haben sie es nicht gesagt, weil du zu klein bist und immer so ein Theater um sie gemacht hast. Aber jetzt weißt du's."

Vor einiger Zeit fand der Verfasser in einem Nachlass, der ihm übergeben worden war, ein Foto. Es zeigt Adolf Hitler zusammen mit zwei Jungen in der oben beschriebenen Pose.
Der eine Junge ist vielleicht elf oder zwölf, der andere sechs oder sieben Jahre alt. Alle drei lächeln in die Kamera. Wenn der ‚Führer' statt des Schlapphuts eine Melone trüge, wäre die Ähnlichkeit mit Charlie Chaplin noch größer.
Laut Bildunterschrift gehören die beiden Jungen einer Familie der damaligen Osnabrücker Geschäftswelt an. Wer die Aufnahme gemacht hat, wird nicht gesagt. Sie ist offensichtlich auf dem ‚Berghof' am Obersalzberg entstanden, dem zweiten Wohnsitz des ‚Führers'.
Im familiären Umfeld der Person, von der der Nachlass stammt, soll es einen Fall von ‚jüdischer Versipptheit' gegeben haben. Das erfuhr der Verfasser, als er den Nachlass ausgehändigt bekam. Es sei aber ein Familiengeheimnis gewesen, über das nicht gesprochen werden durfte.
Auf dieser Grundlage ist die Geschichte entstanden.

Johann M.

„So, das ist erst mal genug!“, hörte er den Kommandanten sagen.
Sie ließen von ihm ab, wobei ihm einer zum Abschluss noch kräftig in die Rippen trat. Etwas zerbrach in ihm. Aber er spürte den Schmerz schon nicht mehr, weil er längst überall war.
Seit er in ihren Händen war, hatten sie ihn geschlagen. Am Morgen hatten sie ihn vor dem Ausrücken zur Arbeit aus dem Lager abgeholt. Schon dabei hatten sie ihn geschlagen, vor allen anderen. Dann hatten sie ihn ins Auto gezerrt und waren mit ihm zu dem großen düsteren Fabrikgebäude gefahren, das am Bahndamm stand. Er kannte es von den Gleisarbeiten her, und er wusste, dass die Gestapo dort ihre Verhafteten hinbrachte. „Pass bloß auf, dass du nie in den Augustaschacht kommst!“, hatte ihm einer gesagt, der schon länger da war und sich auskannte. „Da kommst du mehr tot als lebendig raus, wenn du überhaupt rauskommst.“ Und nun war er drin, im ‚Arbeitszuchtlager’, wie die Deutschen es nannten. Und wie es schien, traf alles zu, was der Kamerad berichtet hatte.
Der Kommandant hatte selbst nicht geschlagen. Das ließ er seine Männer machen – ukrainische ‚Hilfswillige’, wie sie genannt wurden, die für die Deutschen arbeiteten und für ihre Brutalität berüchtigt waren. Sie zerrten ihn jetzt wieder hoch und setzten ihn auf einen Stuhl, in dem er zusammensackte. „Gebt ihm eine Du-

sche!", hörte er den Kommandanten sagen. Einer der Wächter schüttete ihm Wasser ins Gesicht, und er kam wieder zu sich. Mühsam schob er den Rücken an der Lehne nach oben und sah zu dem Mann auf, der dicht vor ihm stand.
Der Kommandant war groß und schlank, wie er im Licht der Lampe erkennen konnte, die notdürftig den Raum erhellte. Er trug Uniform und Stiefel. Das Gesicht nahm er nur als einen hellen Fleck wahr. Viel mehr erkannte er nicht. Seine Augen waren fast zugeschwollen, die Brille hatten sie ihm schon auf dem Appellplatz zerschlagen.
„Also ein echter Holländer bist du nicht", hörte er wieder den Kommandanten. „Das wissen wir ja nun immerhin. Du hast uns erzählt, dass du als Kind mit den Eltern ausgewandert bist. Und zwar aus Kassel. Das hast du uns ja schließlich gesagt, nachdem wir deinem Gedächtnis ein bisschen nachgeholfen haben."
Die Stimme war sanft, fast gütig. Nach dem Gebrüll vorher tat es gut, ihr zuzuhören. Aber sein Denken war noch klar genug, dass er die Gefährlichkeit des anderen erkannte.
„Wir haben uns mal erlaubt, bei den Kollegen in Kassel nachzufragen. Das wirst du verstehen, wir müssen schließlich alles überprüfen. Das ist unser Beruf", fuhr der Kommandant fort. Es klang wie eine Entschuldigung. „Aber nun stell dir vor, was wir da erfahren haben. Deine Mutter ist eine Judensau. Du bist also kein Holländer und ein Deutscher schon gar nicht, sondern ein Halbjude. Oder auch eine Judensau. Ist es bei euch

nicht so, dass jemand mit einer jüdischen Mutter auch Jude ist? Antworte!", bellte die Stimme plötzlich.
Er wollte etwas sagen, brachte aber nur ein unverständliches Gurgeln hervor. Dann hustete er das Blut, das sich in seinem Munde gesammelt hatte, auf den Boden.
Einer der Wächter sprang vor und erhob seinen Knüppel. Aber ein scharfer Befehl ließ den Mann zurücktreten. „So etwas tut man aber nicht", wandte sich der Kommandant ihm wieder zu. „Du bist hier zu Gast, da spuckt man doch nicht auf den Boden. Und man spricht auch nicht schlecht über seine Gastgeber und wiegelt andere gegen sie auf, wie wir das von dir gehört haben. Hast du denn gemeint, wir kriegen das nicht heraus? Wir erfahren doch alles, früher oder später."
„Ich habe niemanden aufgewiegelt", flüsterte er, sodass der Kommandant sich zu ihm herunterbeugen musste, um ihn zu verstehen. „Ich habe nur gesagt, dass das Essen zu wenig ist."
„Er hat nur gesagt, dass das Essen zu wenig ist!", wiederholte der Kommandant an seine Männer gerichtet. Dabei veränderte er seine Stimme, als zitiere er ein kleines Kind, das etwas Komisches gesagt hat. Die Männer lachten. „Wollen wir ihm mal richtig das Maul stopfen, damit er endlich satt wird?" Jetzt war die Stimme voll Hass. Die Männer grölten ihre Zustimmung. Dann verstummten sie plötzlich. Mit einer kurzen Kopfbewegung hatte der Kommandant sie zum Schweigen gebracht.

„Aber was sollen wir uns die Hände schmutzig machen! Ich habe eine bessere Idee.“
Der Kommandant beugte sich so weit zu ihm herunter, dass sein Gesicht ganz nah vor dem seinen war. Er spürte den Atem des anderen, erkannte seine Augen, die Nase, die Lippen, die sich bewegten. Aber er konnte nicht zurückweichen. Hinter ihm war die Lehne des Stuhls.
„Ich sag dir jetzt mal, wie wir's machen. Wir hängen einen Strick um den Balken da oben.“ Der Kommandant wies in das Halbdunkel über sich. „Dann knüpfen wir eine Schlinge ans Ende. Und dann gehen wir raus, ich und meine Leute. Und wenn wir wiederkommen – sagen wir, in zehn Minuten –, dann hängst du an diesem Seil! Das geht ganz einfach. Du steigst auf den Stuhl, legst dir die Schlinge um und stößt den Stuhl unter dir weg. Um mehr musst du dich nicht kümmern, alles Weitere passiert von alleine. Wenn wir aber wiederkommen und du hängst nicht da, dann hängen dich meine Männer auf, und die werden sich ganz viel Zeit dafür nehmen. Ist es nicht so?“, wandte er sich wieder den anderen zu.
Sie johlten begeistert und machten sich ans Werk. Schließlich hatten sie ihre Vorbereitungen getroffen.
„Also, du weißt, was du zu tun hast.“
Mit diesen Worten verließ der Kommandant den Raum; seine Männer folgten. Der letzte schlug die schwere Metalltür scheppernd zu. Er hörte noch, wie sich die Stimmen und Schritte der Männer entfernten. Dann war er allein. Das Licht hatten sie angelassen.

Nach einer Weile betrat der Kommandant wieder die Zelle, gefolgt von seinen Männern. Johann M. sah ihm entgegen. Der Kommandant starrte ihn eine Weile an, dann wandte er den Kopf ab. „Hängt ihn auf! Aber beeilt euch! Wir haben noch mehr zu tun!", sagte er kurz zu den Wachleuten. Er drehte sich um und verließ die Zelle.

In der erhalten gebliebenen Eingangskartei der Osnabrücker Staatspolizeistelle, der sogenannten ‚Gestapo-Kartei', ist auf der für ‚M., Johann' angelegten Karte vermerkt:

„10.5.44 M. wurde am 2.4.44 wegen staatsfeindlicher Äußerungen in Ohrbeck festgenommen und in einer Haftzelle des AZL.'s untergebracht. Nach kurzer Zeit wurde M. in der Zelle erhängt vorgefunden. Es ist weiter nichts zu veranlassen."

In die Rubrik ‚Staatsangehörigkeit' auf der Karte ist ‚Halbjude' eingetragen.

M. wurde 1907 in Kassel geboren. Nach Auskunft des dortigen Einwohnermeldeamts verzog er im Alter von fünf Jahren an einen Ort, dessen Name in dem Aktenvermerk kaum leserlich ist. Vermutlich lag er im Ausland (Niederlande oder Dänemark?). Der Leichnam ist auf dem sogenannten ‚Ausländerfriedhof Meyerhöfen' bei Bohmte bestattet, dort allerdings unter einem leicht abgeänderten Familiennamen und der für einen im Jahr 1944 Verstorbenen unsinnigen Staatsangehörigkeits-Angabe ‚Israel'.

Der Entschluss

Er war wieder zurück in Deutschland.
Die Spätsommernacht war kühl und klar. Der Helfer hatte gezögert und geraten, er solle anderes Wetter abwarten, das für sein Vorhaben günstiger wäre. Aber er wollte nicht warten; da hatte der andere nachgegeben. Er muss doch erleichtert sein, mich loszuwerden, dachte er. Er geht jetzt nach Hause zu seiner Familie und legt sich beruhigt schlafen. Und ich, was mache ich? Aber gleich darauf schämte er sich seiner Gedanken. Der Helfer hatte sein Leben riskiert für ihn, wusste er.
Er war von ihm an die Grenze gebracht worden. Die Deutschen standen zwar auf beiden Seiten, weil sie das Nachbarland besetzt hielten. Aber die Grenze wurde weiter von ihnen bewacht, vor allem, um flüchtige Zwangsarbeiter abzufangen, die aus Deutschland nach Hause zurückkehren wollten. Dass jemand wie er in umgekehrter Richtung heimlich die Grenze zu überschreiten versuchte, kam wohl eher selten vor. Aber selbstverständlich sollte auch das verhindert werden. Die Deutschen schätzten es nicht, wenn man ohne Erlaubnis ihr Land betrat.
„Die Deutschen“ – vor einigen Jahren hätte er sich noch zu ihnen gezählt. Wann hatte das aufgehört? Als der Vater gezwungen wurde, die Stelle im Krankenhaus aufzugeben? Als er selbst das Gymnasium verlassen musste? Als die Familie in das Nachbarland emig-

rierte? Nein, das alles war es nicht gewesen, so einschneidend er es auch empfunden hatte. Sondern dass er den zusätzlichen Vornamen hatte annehmen müssen! Zwar war sein deutscher Pass inzwischen vernichtet, und der Helfer hatte ihm einen neuen mit einem falschen Namen und ohne den verhassten Zusatz gegeben. Aber das ‚Israel' war unauslöschlich in seine Seele eingebrannt.

Er stand am Rand eines Gehölzes vor einer freien Fläche, die sich im Dunklen verlor. Hier und da zeichneten sich schattenhaft einzelne schlanke Formen ab, die aus dem Gelände emporwuchsen – Wächter, die auf ihn warteten? Aber es waren nur Wacholderbüsche, war ihm bewusst. Er war am Rand der Heide angekommen, die er überqueren musste, um ins Tal zu gelangen.

Die Grenze zu überqueren, war leicht gewesen. Sie bestand aus einer breiten Schneise, in deren Mitte der Grenzweg verlief, gekennzeichnet durch Pfosten oder Pfähle mit einer Markierung darauf. Der Helfer hatte ihm noch einmal flüsternd den Weg erklärt, als sie, in den Büschen versteckt, die Schneise beobachtet hatten, auf der sich aber nichts regte. Dann war er losgerannt, hatte gebückt die Lichtung überquert und war im gegenüberliegenden Wald verschwunden, ohne dass etwas passiert wäre – kein Hundegebell, keine Stimme, die „Halt! Stehenbleiben oder ich schieße!" rief. Nun war er auf der anderen Seite, allein, nur auf sich gestellt und voll Zweifel, ob sein Vorhaben richtig sei.

Er bückte sich, um die Heide zu fühlen. Sie reichte ihm fast bis zu den Knien. Sie müsste jetzt blühen, fiel ihm ein, und ihm war, als liege ein fahles violettes Licht über der Fläche. Er ging voran und setzte die Füße behutsam auf den Boden, um die Unebenheiten rechtzeitig zu spüren. Das dichte Kraut behinderte seinen Schritt, und er kam nur langsam voran.
Vor Jahren hatten sie einen Ausflug in die Heide gemacht. Wie lange das her war, wusste er nicht mehr. Aber es war wohl um diese Jahreszeit gewesen. Wohin sie gefahren waren, wusste er auch nicht mehr. Er erinnerte sich nur daran, wie die Geschwister sich gebalgt hatten und durch das Heidekraut rollten, bis sie schließlich zerkratzt und verschwitzt wieder aufstanden. Und er hatte darauf geachtet, dass sie sich nicht verletzten, so wie es die Eltern ihm aufgetragen hatten, die derweil das Picknick vorbereiteten. „Du bist der Große, du musst auf die Kleinen aufpassen!", hatten sie immer gesagt, und er hatte es gern getan.
Es ging zügig hinunter ins Tal. Einmal blieb er neben einem der Wacholderbüsche stehen, an denen er vorbeikam, und wartete eine Weile. Aber ringsum rührte sich nichts, und er hörte nur die vertrauten nächtlichen Geräusche. Da ging er weiter.
Der Vater hatte ihnen beigebracht, keine Angst vor der Nacht zu haben. Manchmal hatte er ihn und die Geschwister auf einen Spaziergang mitgenommen, wenn es schon dunkel war. Da das Haus in einem Vorort der großen Stadt lag, war es nicht schwierig, ins Freie zu kommen. Er hatte die Brüder an der Hand geführt,

während der Vater die Jüngste auf den Schultern trug. Sie waren durch Wiesen und Wälder gekommen, hatten den Rufen des Käuzchens und anderer nächtlicher Tiere gelauscht, und der Vater hatte ihnen die Sternzeichen erklärt. Die Mutter kam auf diesen Gängen nicht mit, sondern wartete zu Hause und hörte sich an, was sie erlebt hatten, wenn sie die Geschwister nach der Rückkehr zu Bett brachte. Keiner der Schulkameraden hatte einen Vater, der mit seinen Kindern nächtliche Spaziergänge machte. Wo mochte er jetzt sein? Waren sie wohl noch zusammen: der Vater, die Mutter, die Geschwister? Er wusste es nicht.

Nach einer Weile erreichte er den Talgrund und trat auf einen Weg hinaus, der durch die Senke zwischen den Hügeln führte. Er war gepflastert, sodass Autos darauf fahren konnten. Aber an beiden Seiten zogen sich hellere Streifen hin, die zeigten, dass der Untergrund aus Sand bestand. Er wandte sich nach rechts, wie es ihm der Helfer gesagt hatte, und folgte der Straße auf dem Sand, um seine Füße zu schonen.

Wer der Helfer war, wusste er nicht. Während der Zeit im Untergrund waren nie Namen genannt worden. Der letzte, den er gekannt hatte, war der Nachbar gewesen, der ihm entgegengekommen war und ihn davor gewarnt hatte, nach Hause zurückzukehren, wo die Gestapo wartete. Die anderen wären bereits abtransportiert worden, erfuhr er von ihm. Der Nachbar hatte ihn zu jemandem gebracht, bei dem er sich eine Zeitlang verstecken konnte. Von dort war er wieder zu jemandem gebracht worden und wieder zu jemand

anderem, bis ihn schließlich der letzte zur Grenze brachte.
In der Zeit des Weitergereichtwerdens, des Wartens allein in dunklen Räumen war der Plan in ihm gereift. Er wollte nicht darauf warten, dass die Alliierten kämen und ihn aus dem Versteck befreiten. Er wollte versuchen, durch Deutschland hindurch in das neutrale Land in den Bergen zu gelangen, wo er sicher sein würde. Durch Deutschland zu kommen, traue er sich zu, hatte er dem Helfer gesagt. „Ich bin doch Deutscher", hätte er fast hinzugefügt.
Wie wohl die Gestapo auf ihre Spur gekommen war? Die Familie hatte das Untertauchen lange und sorgfältig geplant, mit Hilfe von Freunden, die sie im Gastland gefunden hatten und denen sie glaubten, vertrauen zu können. Später, als es so weit war, hatten sie sich im Versteck gehalten und möglichst vermieden, sich draußen zu zeigen. Nur der Vater und er verließen manchmal das Haus auf Versorgungsgängen, die Mutter und die jüngeren Geschwister nie. Aber es gab so viel Verrat! Inzwischen hatte er einiges darüber gehört. Auch in dem Gastland gab es Menschen, die Untergetauchte an die Deutschen verrieten, aus Hass gegen die Juden oder um sich die Kopfprämie zu verdienen.
Was mit seiner Familie weiter geschehen war, wusste er nicht. Er nahm aber an, dass sie zunächst in das große Sammellager verbracht worden war, von dem er gehört hatte. Von dort rollten jetzt täglich Deportationszüge in den Osten, hieß es. Der Name eines Ortes wurde genannt, Auschwitz, wohin die Züge führen. Er

hatte den Namen vorher noch nie gehört. Über das, was dort geschah, gab es nur Gerüchte. Die Deportierten würden zur Arbeit eingesetzt, besagte eines. Andere ließen auf Schreckliches schließen. Keiner, hieß es, sei je aus dem Lager zurückgekehrt, über dem ständig der Gestank nach verbranntem Fleisch hinge. Das hatte der Letzte von denen gesagt, die ihn versteckten. Er hatte noch hinzugefügt, er solle sich freuen, jetzt nicht bei seiner Familie zu sein. Seitdem hatte er umso mehr an sie denken müssen, und die Zweifel ließen ihn nicht mehr los.

Verbrannten sie in den Öfen wohl die, die die harte Arbeit nicht ausgehalten hatten? Er sah die schmalen Chirurgenhände des Vaters vor sich, die schlanke Gestalt der Mutter. Was wohl aus den Kindern im Lager wurde, wenn die Eltern starben? Gab ihnen jemand zu essen? Kümmerte sich jemand um sie?

Die Straße zog sich lang dahin. Sie war in regelmäßigen Abständen von Bäumen gesäumt. Obwohl unten kaum ein Luftzug zu spüren war, hörte er über sich die Blätter rascheln und wispern, als ob sie ein endloses Zwiegespräch führten. Sonst war kein Geräusch zu vernehmen. Hinter den Bäumen zog sich ein Graben entlang, und er fragte sich, ob er wohl tief genug sei, um Schutz zu bieten.

Allmählich begann sich der Himmel im Osten zu verfärben, und es wurde hell. Zwischen den Stämmen der Bäume hindurch sah er jetzt auf weite, riedbestandene Flächen, über denen wie Tücher einzelne weiße Nebelschwaden hingen. Manchmal schimmerte Wasser aus

Gräben und Lachen, formlose Haufen am Straßenrand entpuppten sich als aufgeschichtete Stapel von Torf, die wohl auf den Abtransport warteten. Er ging immer weiter und fragte sich, wann er wohl auf die ersten Häuser und Menschen stoßen werde.

Schließlich kam er an eine Kreuzung. Auf einem der Wegweiser stand der Name des Dorfes, das ihm der Helfer genannt hatte, weil es in seiner Richtung lag. Er hatte auch Namen und Adresse von jemandem erhalten, an den er sich wenden könne. Aber statt weiterzugehen, hockte er sich auf einen der Stapel am Weg. Über ihm leuchteten die roten Fruchtdolden einer mächtigen Eberesche im Frühlicht. Ein Schwarm dunkler Vögel fiel krächzend ein und begann das morgendliche Mahl, ohne sich durch ihn stören zu lassen. Rote Beeren prasselten vom Baum und lagen um ihn herum auf dem Boden wie kleine Blutstropfen. Er zog die Jacke enger um sich und vergrub das Gesicht in den Armen, die er auf die Knie gelegt hatte.

Ein fernes Geräusch, das sich rasch näherte, riss ihn aus seinem Grübeln. Er sprang auf, bereit zur Flucht, und sah sich nach einem Versteck um. Der Torfstapel bot sich an. Dann auf einmal war ihm klar, was richtig war, was er tun musste. Er blieb stehen und wartete. Er sah, wie ein Auto aus der Richtung, aus der er gekommen war, auf die Kreuzung zufuhr. Als es heran war, bremste es und hielt. Zwei Männer sprangen aus dem Wagen und kamen auf ihn zu. Sie waren in Uniform.

„Was machst denn du hier so früh am Morgen?", fragte der eine nicht unfreundlich. „Bist du aus dem Dorf? Wie heißt du denn, Junge?"
„Ich heiße Robert Israel W.", sagte er und fügte seinen richtigen Namen hinzu. „Ich bin über die Grenze gekommen." Er bemühte sich, mit fester Stimme zu sprechen.
„Israel? Aha!" Die Stimme des Uniformierten hatte sich merklich verändert. „Und wo willst du hin?", fragte er scharf.
„Ich wollte versuchen, in die Schweiz zu kommen", antwortete er.
„In die Schweiz? Hast du das gehört?", fragte der Uniformierte seinen Begleiter. „Ist das nicht eine Unverschämtheit? Der Judenlümmel versucht nicht mal zu lügen! Aber da hat er die Richtigen getroffen."
Er wandte sich wieder dem Jungen zu. „Dann steig mal ein! Da hast du aber Glück gehabt. Wir bringen dich erstmal nach Osnabrück. Von da aus kommst du dann in die Schweiz. Das verspreche ich dir!"

In der Osnabrücker Gestapo-Kartei finden sich zwei Karten für ‚W., Robert Friedrich Israel' mit den Vermerken:

„24.9.42 W. war von Holland ins Reich gekommen, um von hier aus in die Schweiz zu gelangen. Er wurde am 4. 9. 42 auf der Straße zwischen Striepe und Itterbeck gegen 6.15 Uhr von einem deutschen Zollbeamten festgenommen. Als Grund für sein Vorhaben führt er an, Angst gehabt zu haben, zum Osten evakuiert zu werden. Es wird beim RSHA. [Reichssicherheitshauptamt] Unterbringung in ein KL. beantragt.

13.11.42 Gemäß Erlass des RSHA. vom 9.11.42 [...] ist gegen W. Schutzhaft und Überführung in ein KL. angeordnet worden.

20.2.43 Die Schutzhaft gegen W. wurde nicht durchgeführt, weil am 9.1.43 Sonderbehandlung beantragt wurde. Gem. Erl. des RSHA. vom 16.2.43 wurde erneut Schutzhaft und Überführung in ein KL. angeordnet. W. wird mit dem nächsten Transport dem KL. Auschwitz überstellt."

Als Beruf für W. ist ‚Schüler', als Geburtsort ‚Frankfurt/Main' angegeben.

Das Ehepaar

Das war der Moment, auf den er gewartet hatte.
Am Abend zuvor waren sie in der Stadt eingetroffen – ‚Hagen' las er auf dem Stationsschild. Vom Bahnhof aus waren sie zu einem großen Gebäude getrieben worden, in dessen Keller man sie einsperrte. Vorher hatte man ihnen aus einem Eimer mit einer Schöpfkelle zu trinken gegeben; zu essen gab es nichts. Ihre Zelle war nicht größer als die vorige. Sie standen dicht gedrängt, zum Liegen war kein Platz. Ihre Notdurft mussten sie im Stehen verrichten, nicht einmal der Kübel, den es in Osnabrück noch gegeben hatte, war hier vorhanden. Der Gestank wurde unerträglich. Am Morgen, als man sie wieder aus der Zelle herausprügelte, blieben zwei von ihnen liegen. Sie waren in der Nacht gestorben. Die Überlebenden hatte man auf einem Innenhof versammelt, wo sie auf den Abmarsch zum Bahnhof warteten.
Über das Ziel der bevorstehenden Fahrt machte Moses sich keine Illusionen. „Wir bringen dich wieder zurück", hatte ein Vernehmer gesagt, nachdem er schließlich zugegeben hatte, aus Tschenstochau zu sein. „Oder jedenfalls in die Nähe davon. Da werden sie dir schon einheizen. Freu dich drauf, Jude, dann brauchst du nie mehr zu frieren." Und er hatte hämisch gelacht.
Nun stand Moses mit den anderen auf dem Hof und hörte, wie das dumpfe Dröhnen sich allmählich näher-

te. Kurz zuvor hatte es Luftalarm gegeben, aber die Wächter hatten wohl geglaubt, sie noch zum Bahnhof bringen zu können. Jetzt rannten sie durcheinander und schrien Befehle, die niemand verstand, weil es zu laut wurde. Dann waren die Flugzeuge über ihnen, und die ersten Bomben fielen.

Moses sah, dass das Tor bereits geöffnet worden war. Er lief darauf zu. Vor ihm tauchte ein Wächter auf und fuchtelte mit dem Gewehr, aber er rannte ihn über den Haufen. Dann war er durchs Tor hindurch und sah eine Straße vor sich liegen. Er lief die Straße hinunter, ohne darauf zu achten, dass ringsum Bomben einzuschlagen begannen. Der Luftdruck schleuderte ihn zu Boden, aber er richtete sich wieder auf. Das rechte Bein schmerzte, aber er konnte noch laufen.

Als der Angriff schließlich vorbei war, befand er sich offensichtlich am Rand der Stadt. Die Häuser standen weiter auseinander, dazwischen breiteten sich Wiesen und Gärten aus. Leute kamen auf die Straße und redeten auf ihn ein. Aber er humpelte an ihnen vorbei, und sie ließen ihn passieren.

Nach einer Weile kam er an ein Gehölz. Die Bäume und Büsche begannen gerade auszuschlagen. Er ging tiefer hinein und suchte, bis er ein Gestrüpp aus immergrünem Ilex fand. Er kroch unter die Zweige, wobei ihm die stachligen Blätter Gesicht und Hände zerkratzten. Er merkte es kaum. Er brauchte eine Pause, konnte nicht weiter.

Nach seinem Gefühl waren Stunden vergangen, als er wieder hervorkam. Das Bein schmerzte immer noch. Er

untersuchte es, ohne eine offene Wunde zu finden. Aber der Fuß war stark geschwollen. Ihn zu bewegen, tat höllisch weh. Gebrochen schien allerdings nichts zu sein, versuchte er sich zu beruhigen. Das war jetzt die Hauptsache.
Seinen Durst stillte er an einem kleinen Bach, der durch den Wald floss. Das Wasser schmeckte faulig, aber er trank dennoch davon. Er wusch sich auch das von Staub und Schweiß verkrustete Gesicht und kühlte den Fuß. Als er wieder aufstand, fühlte er sich erfrischt wie seit Langem nicht mehr. Bis zum Abend blieb er im Schutz des Waldes.
Als es dämmerte, kehrte er zur Straße zurück. Vorher suchte er sich im Wald einen Stock, auf den er sich stützen konnte. Jetzt am Abend war die Straße kaum befahren. Er folgte ihr in der Richtung, die von der Stadt fortführte. Was sonst hätte er tun sollen? Wenn er ein Fahrzeug kommen hörte, verbarg er sich hinter der Böschung. Die Autos fuhren langsam an ihm vorbei, der dünne Lichtstrahl aus den abgedunkelten Scheinwerfern erhellte kaum die Fahrbahn. So blieb er unentdeckt.
Er kam an ein Dorf und umging es. Er musste über Zäune steigen und frisch gepflügte Äcker überqueren, in denen die Füße versanken. Mehrere Male fiel er hin. Er brauchte viel Zeit, um das Dorf hinter sich zu lassen. Dann kehrte er zur Straße zurück.
Nach einer Weile kam er zu einem einzelnen Haus. Es war nicht erleuchtet. Ein Hund schlug an und sprang aus dem Dunkel auf ihn zu. Er hieb ihm mit aller Kraft,

die er noch aufbringen konnte, den Stock über den Schädel. Jaulend ließ das Tier von ihm ab und verschwand.
In dem Haus ging das Licht an, eine Tür öffnete sich. „Ist da jemand?“, fragte eine Stimme. Er ging auf den Eingang zu und sah vor sich einen alten Mann im Nachthemd, der ihn erschrocken anstarrte. Bevor der andere die Tür wieder schließen konnte, stieß er ihn zurück ins Haus. Dann verschloss er die Tür.
Wie sich herausstellte, lebte der Mann allein mit seiner Frau. Moses sperrte die beiden in ihrem Schlafzimmer ein, nachdem er sie gezwungen hatte, ihm zu essen zu geben. Er hatte überlegt, ob er sie töten sollte. Schließlich waren es Deutsche. Aber dann entschied er sich dagegen. Er ließ sich von dem alten Mann Kleidungsstücke aushändigen, die er gegen die Lumpen austauschte, die er am Körper trug. Beim Durchstöbern der Wohnung fand er schließlich, was er suchte. Endlich konnte er sich orientieren. Er steckte die Landkarte ein und außerdem einige Lebensmittel. Dann verließ er wieder das Haus. Vorher warnte er die alten Leute, er werde zurückkommen und sie töten, sollten sie versuchen, Alarm zu schlagen.
Die deutsche Sprache beherrschte er gut, das kam ihm jetzt zustatten. Zu seinen Kunden hatten auch Deutsche gehört. Aber dann waren ihre Landsleute über Polen hergefallen. Sie hatten seine Heimatstadt besetzt und ihre Herrschaft mit einem Blutbad begonnen, indem sie an einem einzigen Tag 300 Juden um-

brachten. Sie beide waren nur dadurch entkommen, dass polnische Freunde sie versteckten.
Ob Mariam in Lodz sicherer gewesen wäre? Manchmal machte er sich Vorwürfe, dass er sie nach Tschenstochau gebracht hatte. Sie war dort nie recht heimisch geworden, hatte lange Briefe nach Hause geschrieben und die Eltern und Geschwister besucht, wann immer das möglich war. Aber dennoch war es zwischen ihnen eine Liebesheirat gewesen. Als er Mariam unter dem Trauhimmel den Ring an den Finger steckte, gelobten sie, einander nie zu verlassen. Dann tranken sie nach dem Brauch Wein aus einem gemeinsamen Glas, bevor er es auf den Boden warf und die Scherben zertrat. „Mazal tov!" Aber wo war das Glück geblieben?
Er drängte die Gedanken weg. Er musste zusehen, dass er weiterkam. Aber wenigstens wusste er jetzt, in welche Richtung er gehen musste.
Er lief die ganze Nacht hindurch. Dabei musste er mehrere Pausen einlegen, weil der Fuß zu sehr schmerzte. Er versuchte, sich Erleichterung zu verschaffen, indem er den Schuh auszog. Aber das half nur für kurze Zeit, und so zog er ihn wieder an. Gegen Morgen kam er nicht mehr weiter. Er fand eine einsam gelegene Scheune, in der er sich versteckte. Dort verbrachte er auch den folgenden Tag. Er versuchte zu schlafen, aber es gelang ihm nur ansatzweise. Bei jedem Geräusch schreckte er hoch und glaubte, die Verfolger seien da. Aber niemand kam zu der Scheune. Als es dunkel wurde, machte er sich wieder auf den Weg, wobei er immer in nördliche Richtung ging.

Er rastete an den Tagen und lief die Nächte hindurch. In der vierten nach seiner Flucht erreichte er schließlich die große Stadt, die auf seinem Weg lag. Mit äußerster Vorsicht durchquerte er die verdunkelten Randbezirke, und es gelang ihm, den Patrouillen auf den Straßen zu entgehen. Schließlich kam er in die Innenstadt, die teilweise in Trümmern lag. Hier fühlte er sich sicherer. Aber das Gehen blieb mühsam. Er musste über Schutthalden steigen, die die Straßen blockierten, und Umwege machen. Dabei verlor er die Orientierung. Erschöpft kauerte er sich schließlich in den Eingang eines zerstörten Gebäudes. Er hatte die Hoffnung verloren, jemals wieder aus der Stadt zu finden. Dann waren sie da.

Plötzlich tauchten drei dunkle Gestalten vor ihm auf, die er nicht hatte kommen hören. Das Licht einer Taschenlampe erfasste ihn, bevor sie gleich wieder ausgeknipst wurde. Mühsam versuchte er, sich aufzurichten. „Bleib sitzen!", sagte eine halblaute Stimme. Das wunderte ihn, denn er hatte erwartet, gleich angebrüllt und zusammengetreten zu werden, wie das in Deutschland so üblich war. Aber nichts dergleichen geschah. „Du bist weggelaufen, ja?", fragte wieder die Stimme. „Du brauchst keine Angst zu haben. Wir tun dir nichts. Wir wollen dir helfen. Komm mit!"

Sie geleiteten ihn zu einem Unterstand, in den sie über eine halb verschüttete Treppe gelangten. In dem Kellerraum brannte ein abgeschirmtes Licht. Aber es reichte aus, um seine Begleiter und einige andere Personen, die in dem Raum waren, zu erkennen. Es schienen alles

Jugendliche zu sein, auch Mädchen darunter, und sie trugen keine Uniform. „Wer seid ihr?“, fragte er. Einer der Jungen hob den Saum seiner Jacke ein wenig hoch. Moses sah, dass darunter ein Abzeichen befestigt war, das im Lampenlicht silbern aufglänzte. „Edelweiß-Piraten“, sagte der Junge und lachte, als er Moses' Verwirrung sah.
Wie lange er bei den jungen Leuten blieb, wusste er später nicht mehr, da er die ganze Zeit in Kellergewölben verbrachte. Es gab keinen Unterschied mehr zwischen Tag und Nacht. Manchmal gingen oben die Bomben nieder. Dann zitterte der Boden, die Wände schwankten, und der Kalk rieselte von der Decke. Moses wollte hinauf. Er durfte nicht verschüttet werden, das versuchte er den anderen zu erklären. Aber sie ließen ihn nicht. Es sei zu gefährlich, meinten sie.
Sie hatten sich ihr eigenes Reich in den Trümmern und unter der Erde geschaffen, indem sie die Kellerwände durchbrachen und so ein Labyrinth schufen, in dem nur sie sich auskannten. Moses war nicht der Einzige, den sie hier versteckten. Er traf andere Ausländer, die vor der Zwangsarbeit oder aus Straflagern geflohen waren, und Deserteure, die nicht mehr an den deutschen Endsieg glaubten. Er selbst hatte sich zunächst als Pole ausgegeben, der er ja auch war, obwohl es nicht der ganzen Wahrheit entsprach. Als er nicht mehr daran zweifelte, dass seine Helfer gegen die Nazis waren, gab er sich schließlich als Jude zu erkennen. Das begeisterte sie förmlich – er war der erste Jude,

den sie versteckten, was sie als weiteren Sieg über den verhassten Feind auffassten.
Auch deshalb wollten sie ihn wohl nicht gehen lassen, vermutete Moses. Er musste sich allerdings eingestehen, dass er in seinem jetzigen Zustand wohl kaum weit kommen würde.
Der Fuß war geschwollen und passte in keinen Schuh mehr. Die Jugendlichen verschafften Moses sogar einen Arzt – wie und woher, sagten sie nicht. Er rieb den Fuß mit einer Salbe ein, bandagierte ihn und riet zu einer längeren Ruhepause. Dann verschwand er wieder und überließ den Patienten seinen Gedanken.
Noch nie war das Nichtstun seine Sache gewesen. Damals, vor dem Krieg, hatten sie es durch Fleiß und Sparsamkeit zu bescheidenem Wohlstand gebracht. Auch später im Ghetto hatten sie zunächst ihr Leben fristen können. Mariam arbeitete in einer Textilfabrik, in der Uniformen gefertigt wurden. Moses war in seinem angestammten Beruf tätig, was ihn im Ghetto zu einem der ‚Privilegierten' machte. Die Deutschen brauchten den Sattler, denn die ‚Herrenmenschen' zeigten sich ihren neuen Untertanen gern hoch zu Ross. So wurde Moses besser bezahlt als die meisten anderen Arbeiter im Ghetto. Manchmal erhielt er Sonderzuwendungen, was ihn und Mariam vor dem ärgsten Hunger bewahrte. Zu ihrem Leidwesen hatten sie keine Kinder. Aber im Ghetto waren sie manchmal fast erleichtert darüber. So mussten sie nicht wie so viele ringsum mit ansehen, wie die eigenen Kinder an Hunger und Krankheiten starben.

Die Jüngsten unter den „Edelweiß-Piraten“ könnten fast meine Kinder sein, dachte Moses. Er mochte die jungen Leute, auch wenn er kaum etwas über sie wusste. Sie waren so anders als die Deutschen, denen er in den letzten Jahren begegnet war. Sie kämpften gegen die Nazis, sagten sie, und zeigten stolz die Waffen, die sie erbeutet hatten. Sie warteten darauf, dass die Amerikaner oder die Russen kämen. Dann wollten sie ihnen helfen, die Nazis zu besiegen.
Moses zweifelte daran, dass sie Erfolg haben würden. Noch waren die Nazis zu stark. Und dass sie kein Erbarmen kannten mit denen, die sie vernichten wollten, wusste er nur zu gut. Im Herbst 1942 war der Schrecken über das Ghetto hereingebrochen. Viele der Juden wurden erschlagen, die Überlebenden zum Bahnhof geführt, wo die Viehwaggons bereitstanden. Dass die Fahrt in den Tod ging, bezweifelte kaum einer. Namen standen dafür – Treblinka und auch Auschwitz in Oberschlesien, nicht weit entfernt von Tschenstochau gelegen.
Nur wenige Juden waren im Ghetto zurückgeblieben, weil die Deutschen sie brauchten. Dass man sie nicht dauerhaft verschonen würde, war Moses klar. Deshalb floh er mit seiner Frau, sobald sich die Gelegenheit bot. Sie meldeten sich unter einem falschen Namen, der allerdings wie der echte begann, zum Arbeitseinsatz in Deutschland. Als polnische ‚Fremdarbeiter‘ getarnt, würden sie dort sicherer sein als in der Heimat, hoffte er. Mariam hatte davon gesprochen, dass sie gemeinsam ihrem Leben ein Ende bereiten sollten, wie es so

viele im Ghetto getan hatten. Aber sein Überlebenswille war stärker, und sie fügte sich. So waren sie schließlich nach Osnabrück gekommen.
Wie viel Zeit blieb ihm noch? Oder war es schon zu spät? Nicht zum ersten Mal holte er die Karte hervor und breitete sie aus. Wenn er in vier nächtlichen Märschen von Hagen bis Dortmund gekommen war, dann würde er wohl die doppelte Anzahl brauchen, um Münster zu erreichen, und noch einmal so viele bis zum Ziel. Vorausgesetzt, der Fuß machte mit. Moses betastete ihn. Die Schwellung war zurückgegangen, und er schmerzte auch nicht mehr so stark wie vor der Behandlung durch den Arzt. Er musste sich wieder auf den Weg machen. Er hatte keine Zeit mehr zu verlieren.
Zögernd ließen ihn die Jugendlichen gehen. Sie geleiteten ihn aus den Trümmern der Stadt hinaus, nachdem sie ihm einen Rucksack gegeben und mit Proviant gefüllt hatten. Weiter helfen konnten sie ihm nicht; ihre Möglichkeiten reichten über Dortmund nicht hinaus. Moses nahm Abschied von ihnen.
Wieder lief er die Nächte hindurch und rastete tagsüber in irgendwelchen Verstecken nahe der Straße. Das Wetter war gut für sein Vorhaben. Es regnete selten, und die Nächte begannen, milder zu werden, sodass er auch im Freien übernachten konnte. Das Gelände war nicht so dicht besiedelt wie am Anfang seines Weges. Felder, Wiesen und Waldstücke wechselten sich ab, dazwischen lagen einzelne Dörfer. Es war nicht allzu schwer, anderen Menschen aus dem Weg

zu gehen. Allerdings begegneten ihm nachts häufig Militärtransporte auf der Straße. Aber sie waren von Weitem zu hören, sodass er sich rechtzeitig verbergen konnte.
Was hatte sie wohl verraten? Es war ihnen doch fast ein Jahr lang gelungen, unter falschem Namen unterzutauchen und nichts als einfache ‚Fremdarbeiter' zu sein.
Hatte jemand beim Waschen bemerkt, dass er beschnitten war? Oder wurden sie beide dabei ertappt, dass sie den Schabbat oder einen der hohen jüdischen Feiertage heimlich zu begehen versuchten? Waren etwa seine Gebetsriemen, die er aus Tschenstochau mitgebracht hatte, bei einer Barackenkontrolle gefunden worden? War er zu unvorsichtig gewesen? War er also schuld, dass sie an jenem kalten Wintermorgen verhaftet und ins Gefängnis der Gestapo gebracht wurden? Als es geschah, hatte gerade das Jahr 1944 begonnen.
Man trennte sie und brachte sie in unterschiedlichen Zellen unter. Obgleich sie ihn fast täglich unter Schlägen und Tritten verhörten, hatte er sich lange geweigert, ihre wahre Identität preiszugeben. Seinen Widerstand gab er erst auf, als sie drohten, sich Mariam in seiner Gegenwart ‚vorzunehmen'. Als alles herausgekommen war, schickten sie ihn ein paar Tage später ‚auf Transport'. Mariam hatte er nicht wiedergesehen.
So war er nach Hagen gekommen, wo ihm die Flucht gelang.

Er kam an der Stadt Münster vorbei. Die Wegweiser, deren Aufschrift er in der Dunkelheit zu entziffern versuchte, zeigten bereits die Entfernung nach Osnabrück an. Aber es war noch weit, und die Nächte waren kürzer geworden. Mit aller Macht trieb es ihn voran, er wurde unvorsichtiger und war von der Abenddämmerung bis zum Morgengrauen unterwegs, mit nur kurzen Pausen dazwischen. Jedoch brauchte er noch einmal drei Nächte, um endlich den Rand der Stadt zu erreichen.

Er hatte sich einen Plan zurechtgelegt. Bei Einbruch der Dunkelheit ging er los, durchquerte eine Talsenke und stieg vorsichtig die Anhöhe hinauf, auf der sich hinter einem Wäldchen das Lager erstreckte. Es wurde nicht allzu streng bewacht, wusste er. Die Deutschen, die ihre Männer an vielen Fronten brauchten, mussten dafür auf ‚Wehruntaugliche' und zusätzlich auf ukrainische ‚Hilfswillige' zurückgreifen, die bestechlich waren. Mancher aus dem Lager nutzte das aus und verdingte sich nach dem Arbeitstag heimlich bei Bauern, die über jede zusätzliche Kraft auf ihren Höfen froh waren und mit Lebensmitteln zahlten, von denen die Ukrainer ihren Anteil erhielten.

Moses kannte die Stellen, an denen die Lagerinsassen unter dem Zaun hindurchschlüpften. Er hatte sie bisweilen selbst genutzt. So gelangte er unbemerkt in das Lager hinein und mischte sich unter die anderen, die trotz der Dunkelheit noch auf den Gassen unterwegs waren. Mit Vorsicht näherte er sich der Baracke, in der er mit Mariam gehaust hatte. Die Fenster waren ver-

dunkelt, aber aus dem hölzernen Gebäude drang das Geräusch von Stimmen.
Einen Moment lang zögerte Moses, dann klopfte er an der Tür. Die Stimmen verstummten, Schritte näherten sich, eine Frau öffnete. Moses erkannte die Stubenälteste. Misstrauisch musterte sie den augenscheinlich Unbekannten, der abgerissen und bärtig vor ihr stand. Plötzlich ging ihr auf, wer er war. Erschrocken wich sie einen Schritt zurück. „Was willst du hier? Weißt du denn nicht, dass sie dich überall suchen?“, fragte sie halblaut. „Der Lagerleiter hat es gesagt, und auch, dass jeder es sofort melden muss, wenn er etwas von dir hört. Und dass sie dich sicher kriegen werden. Wir haben gedacht, dass du längst weit weg bist.“
„Weißt du, was mit Mariam ist? Hast du etwas von ihr gehört?“, fragte Moses drängend. Die Frau schwieg einen Augenblick. „Er hat gesagt, sie haben sie schon mal vorausgeschickt“, sagte sie dann. „Nach Auschwitz“, fügte sie hinzu.

Die Osnabrücker Gestapo-Kartei vermerkt auf der für ,K. (alias K.), Moses Israel' angelegten Karte:

„13.1.44 K. hat sich im Juni 1943 von Tschenstochau aus in das Reichsgebiet begeben unter falschen Papieren, und dabei verschwiegen, dass er Jude ist. Unterbringung in KL. beantragt.

9.3.44 K. wird mit dem nächsten Sammeltransport in das KL. Auschwitz (Oberschlesien) überführt.

20.4.44 K. ist nach Mitteilung der OPB. [Ortspolizeibehörde] Hagen am 26.3.44 aus dem Pol.-Gefängnis in Hagen, wo er sich als Durchgangstransportgefangener befand, entwichen."

Für seine Frau *,K. (alias K.), Maria' findet sich der Eintrag:*

„13.1.44 Hat sich mit ihrem Ehemann unter dem Namen K. [angenommener Name] mit falschen Papieren in das Reichsgebiet begeben und verschwiegen, dass sie Jüdin ist.

20.4.44 Die K. wird mit dem nächsten Sammeltransport in das KL. Auschwitz überführt."

Das Kind

Sie gingen die Lagergasse hinunter, an der Baracke vorbei, in der die Kinder geboren wurden, und versammelten sich vor dem Eingang. Die Wache war nicht besetzt. Es war bekannt, dass die älteren Männern und die ukrainischen ‚Hilfswilligen', die man dazu eingeteilt hatte, sich lieber in der Lagerkantine aufhielten. Fluchtversuche waren selten. Wohin hätten die Lagerinsassen auch fliehen sollen?

Die Busse waren noch nicht gekommen. Einige der Frauen nutzten die Gelegenheit, um hinter die Büsche zu gehen oder sich in den Gräben links und rechts der Auffahrt zu erleichtern. Die Plumpsklos im Lager waren häufig verstopft und immer verdreckt. Und Schamgefühl war etwas, das sie sich längst abgewöhnt hatten.

Esther stand unter den anderen. Mit ihnen war sie am Morgen von der Nachtschicht zurückgekehrt, hatte im Lager etwas zu essen bekommen – das ‚Frühstück', bestehend aus Ersatzkaffee und zwei dünnen Scheiben mit Margarine bestrichenem Brot – und sich dann auf die Pritsche gelegt. Der Schlaf war ein Zustand, in den nichts eindrang: keine Bewegung, kein Geräusch von außerhalb, kein Traum. So muss der Tod sein, dachte sie manchmal, und sehnte sich danach, niemals wieder aus diesem Schlaf aufwachen zu müssen. Aber dann wurde sie geweckt, und das Leben ging weiter. Und manchmal war ja auch André, ihr Mann, da. Aber

inzwischen war dafür gesorgt worden, dass sie sich kaum noch sehen konnten. Wenn sie Glück hatten, würden sie sich vielleicht nachher im Werk begegnen, wenn seine Schicht zu Ende war und ihre begann.
Die anderen Frauen standen in kleinen und größeren Gruppen zusammen und unterhielten sich. Manchmal war sogar ein Lachen zu hören. Für Ende Oktober war es noch warm, und sie genossen es, in ihrer zerlöcherten Kleidung nicht frieren zu müssen und die saubere Luft zu atmen, bevor sie wieder in den Staub und den Gestank der Fabrik eintauchten. Einige nutzten die Gelegenheit und legten ihre Kopftücher ab, die sie sonst außerhalb der Baracken trugen. Das ließ die Gesichter weniger gleichförmig erscheinen, und man sah, dass die meisten der Frauen noch jung waren.
Esther stand für sich allein. Anfangs hatten die anderen noch versucht, sie einzubeziehen. Sie waren sehr freundlich zu ihr gewesen, wobei zu berücksichtigen war, in welcher Lage sie sich selbst befanden. Sie hatten ihr den Barackendienst abgenommen, nachdem sie zurückgekehrt war. Sie hatten das Blut aus der Kleidung gewaschen. Sie hätten ihr auch bei der Arbeit geholfen, als sie wieder ins Werk musste, hätte der Meister es zugelassen. Doch von Esther gab es kein Wort des Dankes an die Frauen. Sie schien kaum etwas davon wahrzunehmen, was um sie herum geschah. Da gaben die anderen es schließlich auf.
Die Busse kamen. Sie erschienen in der Ferne zwischen den unten liegenden Häusern und arbeiteten sich langsam den Hügel herauf, auf dem das Lager stand. Die

Fahrzeuge waren lang gestreckt und grau. Selbst die Fenster hatte man mit grauer Tarnfarbe angestrichen. Stellenweise war sie aber schon abgeblättert, sodass es möglich war, nach draußen zu schauen.
Esther ließ sich von den anderen mit in den Bus hineinschieben. Die Fensterplätze waren heiß begehrt, und manchmal wurden erbitterte Kämpfe darum ausgefochten. Auch Esther hatte sich früher daran beteiligt. Jetzt kümmerte es sie nicht, wo sie saß. Doch ohne es zu wollen, fand sie sich heute an einem der Fenster wieder.
Die Busse fuhren los. Sie ließen das Lager hinter sich, durchquerten die Vororte mit ihren noch weitgehend intakten Häusern und tauchten in die Stadt ein. Die Frauen, die an den Fenstern saßen, versuchten, durch die Gucklöcher im Anstrich hinauszuschauen. Wenn sie etwas Besonderes sahen, die Werbeplakate eines Kinos etwa, teilten sie es den anderen mit. Dabei schwirrten die unterschiedlichsten Sprachen durcheinander, bis der deutsche Busfahrer fluchte und brüllte, sie sollten das Maul halten, oder er würde sie zu Fuß gehen lassen und melden. Dann waren sie für eine Weile still, aber bald ging es wieder los. Inzwischen kannten die Frauen den Fahrer und wussten, dass er es mit seinen Drohungen nicht ganz ernst meinte.
Je weiter sie kamen, desto deutlicher wurden draußen die Schäden, die der Bombenkrieg angerichtet hatte. Ganze Straßenzüge lagen in Schutt und Asche. Zwischen den Trümmern war versucht worden, Wege und Fahrbahnen wieder passierbar zu machen; auf ihnen

drängten sich nun Menschen und Fahrzeuge aller Art. Auch Straßenbahnen suchten sich ihren Weg. An einer Stelle waren Männer in gestreiften Kitteln dabei, unter Bewachung die verschütteten Schienen freizulegen. Das Durchkommen für die Busse wurde schwieriger, und oftmals mussten sie halten und warten, um endlich passieren zu können.
Esther schaute hinaus. Die Bilder zogen an ihr vorbei, ohne dass sie sie wirklich wahrnahm. Sie hörte die anderen reden, ohne dass die Bedeutung des Gesagten sie erreicht hätte. Dann musste der Bus wieder einmal halten, und ihr Blick blieb an etwas haften, das sich direkt vor ihrem Fenster befand.
Sie standen vor einem großen Gebäude, das ausgebrannt war. Aber die Fassade war stehen geblieben und der Bürgersteig davor weitgehend trümmerfrei. Esther presste ihr Gesicht an die Scheibe und sah hinab. Auf dem Bürgersteig unter ihr standen zwei junge Frauen, jede mit einem Kinderwagen an der Hand. Die Frauen unterhielten sich angeregt, unbekümmert um das, was um sie herum vor sich ging. Auch den Bus beachteten sie nicht. Sie trugen die Mäntel über den bunten Kleidern geöffnet; ihre Köpfe mit den kleinen koketten Hüten beugten sich ab und an zärtlich hinunter zu den Kindern, die unter den großen weißen Kissen vom Busfenster aus kaum zu erkennen waren.
Esther begann, gegen die Scheibe zu schlagen. Mit geballten Fäusten trommelte sie auf das Glas, als wollte sie es zerbrechen. Dabei zitterte sie am ganzen Leib. Erstaunt hoben die Frauen draußen die Köpfe, um zu

sehen, woher das Geräusch kam. Aber bevor sie etwas erkennen konnten, fuhr der Bus wieder an.
Drinnen waren die Gespräche verstummt. Auch der Fahrer hatte gegen seine Gewohnheit nicht geflucht oder geschrien, sondern sich nur kurz umgedreht und „Bringt sie bloß zur Ruhe!“ gesagt. Der Frau, die neben Esther saß, gelang es schließlich, sie vom Fenster wegzuziehen. „Was hast du denn?“, fragte sie leise. Esther antwortete nicht. Die andere schüttelte den Kopf und rückte wieder von ihr ab. Ihre Nachbarin auf der anderen Seite stieß sie an, grinste und tippte sich vielsagend an die Stirn. Als keine Reaktion erfolgte, zuckte sie die Achseln. Die restliche Fahrt über wurde kaum gesprochen.
Inzwischen hatten sie die Stadt hinter sich gelassen und waren zuletzt zwischen ausgedehnten Schrebergarten-Kolonien hindurchgefahren, bis sie ihr Ziel erreichten. Die Munitionsfabrik bestand aus flachen Hallen, die unter Tarnnetzen in einem Waldstück lagen. Das Gelände war von einem hohen, mit Stacheldraht gekrönten Zaun umgeben, der Eingang durch Schlagbaum und Posten gesichert. Die Busse durften passieren und hielten schließlich. Die Frauen stiegen aus und bildeten Kolonnen, die von den Vorarbeitern oder Meistern, die sie erwartet hatten, den verschiedenen Abteilungen zugeführt wurden. Das musste schnell gehen, und Unterhaltungen waren verboten.
Esther blickte um sich. Zum ersten Mal, seit sie in dem Werk arbeiten musste, nahm sie die Bäume wahr, unter denen sie gingen. Es waren Kiefern. Sie kannte die

Bäume aus ihrer Heimat, wo sie – wie hier auch – auf sandigem Boden wuchsen. Die Stämme waren schuppig und die Kronen wie große dunkle Schirme, zwischen denen manchmal ein Stück Abendhimmel zu sehen war. Auf dem Pflaster des Wegs lagen einzelne kleine Zapfen, die mit einem leisen trockenen Geräusch zerbrachen, wenn Füße achtlos auf sie traten.
Sie dürfen sie nicht zertreten, dachte sie. Man müsste es ihnen sagen. Lasst sie ganz, sie sind so klein, sie haben euch nichts getan! Fast hätte sie es herausgeschrien. Aber sie bezwang sich und ging stumm mit den anderen weiter, wobei sie darauf achtete, nicht auf die Zapfen zu treten.
Eine andere Kolonne kam ihnen entgegen. Es waren die Männer, die ihre Schicht beendet hatten und nun zu den Bussen geführt wurden, um ins Lager zurückzukehren. Die beiden Kolonnen begegneten sich, und Esther erkannte André, ihren Mann. Verstohlen winkte er ihr zu.
Sie wusste, dass es verboten war. Aber diesmal löste sie sich aus der Reihe und ging auf ihn zu. André sah sie kommen und zögerte, sodass der Hintermann auf ihn auflief und ins Stolpern geriet. Es entstand ein kurzer Tumult, eine Trillerpfeife schrillte, jemand rief einen Befehl, und Uniformierte rannten herbei. Esther und André hielten sich fest umschlungen.
„Auseinander!“ Das war der Meister, der ihr nachgestellt hatte, seitdem sie in seiner Abteilung eingesetzt war. „Poussiert wird hier nicht! Das könnte euch so

passen! Aber ihr seid hier nicht in Frankreich, sondern in Deutschland, und da wird gearbeitet."
Er packte André am Arm und versuchte, ihn von seiner Frau wegzuzerren. „Granaten sollst du füllen und nicht deiner Frau den Bauch. Aber ihr habt ja gesehen, was daraus wird. Nur gut, dass das Balg gestorben ist!" Er lachte.
Esther schlug ihm hart ins Gesicht, zweimal, dreimal, ehe er begriff, was ihm geschah. „Hilfe! Wachen!", brüllte er, während er vor den beiden zurückwich.
Die Wachen kamen herbei und rissen das Paar auseinander. Dann führten sie die beiden ab. Die Kolonnen setzten sich wieder in Bewegung.

Die Osnabrücker Gestapo-Kartei vermerkt auf der für ‚B., Andre' angelegten Karte:

„28.12.44 B. wurde am 30.10.44 wegen frechen Benehmens für die Dauer von 8 Wochen in das AEL Ohrbeck eingewiesen. Am 18.12.44 wurde er krankheitshalber vorzeitig zum hiesigen Arbeitsamt entlassen."

Für seine Frau ‚B., Hestar' findet sich der Eintrag:

„28.12.44 Die B. wurde am 23.10.44 wegen frechen Benehmens festgenommen. Nach 10-tägiger Haft und staatspolizeilicher Warnung wurde sie zur alten Arbeitsstelle entlassen."

Im Geburten-Register des Standesamts Osnabrück wird der Vorname dieser Französin, die am 7. August 1944 im Lager ‚Fernblick' einen Sohn geboren hatte, mit ‚Esther B.' angegeben. Es kann wohl davon ausgegangen werden, dass die Schreibung des Vornamens hier die richtige ist.
Das Kind wurde auf den Namen ‚Daniel' getauft. Es starb am 24. August 1944 im Lager. Die Grabstätte ist unbekannt.

Osnabrücker Literaten

„Aus der Enge seines Tales zu entfliehen, klomm der Wanderer höher und höher. Grell überleuchtete die Sonne den verschlungenen Pfad zwischen krummen, spärlichen Büschen. Und der Himmel wölbte sich hoch droben; kleine, windgetriebene Wolkenkähne segelten durch sein tiefes Blau. Ermüdet vom hastigen Anstieg rastete der Wanderer eine kurze Weile auf vorspringender Felsplatte, einen Stein, der sich unter seinen Füßen gelöst hatte, hörte er rollend und klatschend tief drunten verpoltern und einen Augenblick lang drang in sein Herz ein jähes Grauen vor der einsamen Höhe, zu der sein wagemutiger Sinn ihn emportrug. Dann aber ward er des Gelingens froh, und sein Auge schweifte über Wälder und Ackerland, über Städte und Flüsse und ferne Gebirge. Und weiter trieb ihn die Sehnsucht nach dem Gipfel. Steiler und immer mühevoller wurde der Anstieg, oft glitt der Fuß auf steinigem Geröll. Endlich erklomm der Wanderer die steile Höhe. Um die Bergspitze flog mit rauschendem Flügelschlag der Sturm."

Das ist der erste literarische Versuch eines jungen Mannes, geschrieben 1931 in Osnabrück. (Oder hat er den Text irgendwo abgeschrieben, weil er ihn imponierend fand?)
Einen anderen Schriftsteller, aus derselben Stadt stammend wie er, scheint er allerdings wenig zu schätzen.

Sonst hätte er nicht das folgende Gedicht in sein Tagebuch aufgenommen:

„Erich Maria Remarque

Du hast des Krieges hehre Flammenzeichen
wohl nicht verspürt,
Du hast in dumpfer Qual mit Deinesgleichen
nur vegetiert!

Dir zeigte dieses Krieges Eisenhammer
nur ein Gesicht:
Du sahst nur Schwäche, Feigheit, Schmerz und Jammer,
das Edle nicht!

Für deutschen Todesmut und Opferwillen
blieb taub Dein Sinn,
Dir schien des Lebens heißen Durst zu stillen
allein Gewinn!

Du schmücktest selbst Dich mit dem äußern Zeichen
von Heldentum,
Und willst für unsre toten Brüder zeugen,
die längst schon stumm?

Berühre nicht, Remarque, mit frevlem Finger
der Toten Kranz!
Du warst und bist armseligster Verkünder
der Dekadenz:

Dir fehlt zum Künder jener großen Tage
aus Stahl und Erz,
was schlicht in unserer Toten Brust geschlagen:
Das deutsche Herz!"

Als Verfasser dieser Zeilen wird ein Professor Kurt Schultze aus Jena genannt.*
Der junge Mann nimmt ein Studium in Münster auf. Verlieben tut er sich allerdings in eine junge Frau aus Osnabrück. Er widmet ihr Gedichte und fotografiert sie so oft, dass es ganze Alben füllt.
Auch die Geliebte führt Tagebuch, wobei die Eintragungen häufig einen ausgesprochen lyrischen Charakter haben. Hier ein Beispiel dafür.

„Mein Gott, was haben wir für einen herrlichen Führer! Ich bin stolz, eine Deutsche sein zu dürfen. Möge der liebe Gott noch lange, lange seine Hand über unseren Führer halten. Wie stolz, wie unsagbar stolz können wir sein. Wir können unseren Kopf nicht hoch genug tragen, jeder soll an unserer Haltung erkennen, dass wir Deutsche sind, und dass wir stolz sind, es sein zu dürfen. Lange, lange muss der Führer noch leben! Lieber Gott, beschütz ihn!"

---

* Da es zu dem Namen nicht einmal im Internet Informationen gibt, können leider keine näheren Angaben zu Leben und Werk gemacht werden.

Das ist eine Eintragung aus dem Frühjahr 1938. Auch die nächste gehört in diesen Zeitraum.

„... Wenn ich verheiratet bin, möchte ich ein Haus auf dem Land besitzen. Meine Kinder sollten nicht nur Großstadtluft genießen, o nein, sie sollten zwischen wogenden Kornfeldern dahinschreiten, sie sollten mit großen Sträußen von Kornblumen in ihren kleinen Ärmchen zu mir kommen, auf dass ich ihnen Kränze winden könnte. Dann wollte ich Gott danken für so viel Glück. Ja, so stelle ich mir mein späteres Leben vor. Sehr viel Sonne, Luft, Licht und eine tiefe reine Liebe im Herzen. Ob H. wohl fühlt, wie sehr ich ihn liebe? Wenn er mich einmal verlässt, dann stößt er mich in einen tiefen Abgrund, aus dem ich nie mehr herauskäme. Aber von seinen Händen kann ja nichts Schlechtes kommen. Ich habe großes Vertrauen zu ihm. So ist es, so bleibt es, und so wird es sein bis in alle Ewigkeit. Ich möchte fast ‚Amen' dahinter setzen, mir war noch nie so zu Mute wie heute ...

Morgen kommt mein Lieber zurück, das wird ein Fest für uns sein.

Mein Lieber, ich freue mich!

Ich will ihm noch schnell einen kleinen Gruß nach Münster schicken. Ob er sich auch freut?"

Nehmen wir an, er hat es getan.

Die junge Frau heiratet ihren Geliebten, der Schriftsteller werden wollte und Journalist geworden ist, im Februar 1940. Da ist er schon seit einem halben Jahr Soldat im Krieg. Tagebuch führen die beiden jetzt nicht mehr.

Stattdessen schreiben sie sich im Laufe der nächsten vier Jahre zahllose Briefe.
Der Mann ist in Holland, Belgien, Frankreich und schließlich in Russland an der Front. Zum ‚Künder jener großen Tage aus Stahl und Erz', wie es in dem Gedicht über Remarque oben heißt, scheint er allerdings nicht geworden zu sein. Jedenfalls geht aus den erhalten gebliebenen Unterlagen nicht hervor, dass er Kriegsberichterstatter oder Angehöriger einer Propagandakompanie geworden wäre. Aber er hat weiterhin viel fotografiert.
Die erhalten gebliebenen Aufnahmen zeigen die Kameraden beim Stiefelputzen, beim Abkochen und beim Unterstandbau. Sie zeigen aber auch brennende Häuser und Dörfer, zerschellte Flugzeuge, zerstörte Panzer und Geschütze – des Gegners natürlich! Auf der Rückseite eines Fotos ist „Gefangene Russen und ein ‚Flintenweib'" vermerkt. Eine junge Frau hockt inmitten anderer Gefangener am Boden. Sie trägt eine Art Uniform, aber keine Kopfbedeckung. Das offene Haar fällt ihr auf die Schultern. Den Kopf stützt sie in die linke Hand, mit der Rechten umfasst sie das Knie. (Eine ganz ähnliche Aufnahme existiert übrigens von der Frau des Fotografen. Nur dass sie keine Uniform trägt.)
Zwei weitere Bilder gehören zusammen. Auf dem ersten sitzt ein Mann in Zivilkleidung auf einer Bank. Er trägt einen Vollbart, an dem sich jemand, der nicht weiter zu erkennen ist, mit einer Schere zu schaffen macht. Hinter dem Mann auf der Bank steht ein la-

chender Uniformierter mit dem deutschen Hoheitsadler auf der Brust. ‚Ein Jude wird rasiert' steht hinten auf dem Bild.
Auf dem zweiten ist die ‚Rasur' weiter fortgeschritten. Der Bart ist entfernt, ebenso das Haupthaar bis auf einen schmalen Steg, der sich vom Hinterkopf zur Stirn zieht. ‚Ein Jude wird ‚gekennzeichnet', lautet der Vermerk auf der Rückseite.

„Ich habe Dir einen Brief geschrieben,
Einen langen Brief, voll Sorgen und Schmerz.
Es ist etwas zwischen seinen Zeilen hängen geblieben –

Es war mein Herz.

Ich weiß nur Dich u. fühle Dich allein:
Ein Traum von Glück, der schmeichelnd mich umflutet,
Ein Sehnen, das unendlich mich durchflutet,
bist Du – und wundertraut ist das:
bei Dir zu sein.

Diese beiden Verslein habe ich im Bunker geschrieben – für Dich mein Lieber. Ich sehne mich nach Dir, und nach einem anderen Leben. Du müsstest bei mir sein, dann wäre alles gut. Ich bin sehr allein, komm doch zu mir. Ich möchte bei Dir sein. Hast Du mich lieb?
Deine E."

Der Umschlag dieses Feldpost-Briefs, den die Frau an ihren Mann schickt, trägt den Stempel ‚Osnabrück, 12. 9. 44'.
Es folgen vier weitere Briefe in diesem September des sechsten Kriegsjahres und einer im Oktober.

„Osnabrück, den 12. 10. 44
Mein Lieber,
heute hatten wir wieder einen Angriff, es war furchtbar. Aber unsere Wohnung ist heil geblieben, und wir leben, das ist die Hauptsache. Rund um unsern Bunker sind die Bomben gefallen, die Wände haben gezittert, trotzdem wir so tief in der Erde sind. Einige sind sehr unglücklich gefallen, nämlich in den Luftschacht, die Leute, die in der Nähe gesessen haben, sind verletzt. Hier in unserer Stadt braucht kein Angriff mehr zu sein, es steht ja fast kein Haus mehr. Die Straßen sind mit haushohen Trümmern versperrt, es ist gar kein Durchkommen. In der Schlossstr. sind auch wieder sehr viele Bomben gefallen. F. hat aber genau wie wir Glück gehabt. Wie es bei T. aussieht, weiß ich nicht. Es brennt alles noch, die Rauchschwaden stehen richtig über der Stadt. Wenn ich in der Stadt bin und Besorgungen mache, weiß ich oft nicht, wo ich bin. Alles nur Trümmer. Unser Verlag brennt wieder ganz hell. Was soll das nur noch geben? Ich sitze hier bei einer Kerze, wir haben weder Licht noch Wasser. Die Sirenen gehen nicht, man weiß überhaupt nicht, was los ist.
Mein Lieber, von Dir habe ich immer noch nichts gehört, ich mache mir so große Sorgen. Wenn Du gesund

wärst, hättest Du doch längst geschrieben. Wochenlang lässt Du mich doch nicht vergebens auf Post warten ...“

Sie wird nie mehr von ihrem Mann Post erhalten. Zu dem Zeitpunkt, als sie dies schreibt, ist er seit fast vier Wochen tot. Er fällt am 14. September ‚im Raum Sanok', wie es später in der Todesanzeige heißt. Die Umschläge der letzten vier Briefe, die die Frau ihrem Mann geschrieben hat, tragen den handschriftlichen Vermerk: ‚An Absender zurück, für Großdeutschland gefallen!'

Das Grab des Mannes in den slowakischen Karpaten ist verschollen. Die Kameraden des Gefallenen schreiben der Witwe, es sei ihnen wegen des raschen Stellungswechsels nicht mehr möglich gewesen, eine Aufnahme von der Stätte zu machen.

In der Nachkriegszeit heiratet die Frau erneut. Auch ihr zweiter Mann ist Soldat gewesen. Beide sind inzwischen verstorben. Die beiden Ehen der Frau sind kinderlos geblieben.

Darf man das überhaupt? Die ganz privaten, persönlichen Aufzeichnungen anderer Menschen, die nie für die Öffentlichkeit bestimmt waren, in die Öffentlichkeit geben? Aber da liegen sie vor dem Verfasser, die Tagebücher, die Fotos, die Briefe, von denen einige die Banderole mit dem Aufdruck ‚Geöffnet' und dem Stempel ‚Feldpostprüfstelle' nebst Adler und Hakenkreuz tragen. Öffentlichkeit für die Zeugnisse einer Zeit, in der ein Gewaltregime und der von ihm begonnene Krieg jede Privatheit bedrohten oder sogar zerstörten, bis hin zum Tode Unzähliger – das erscheint vertretbar. Deshalb hat sich der Verfasser entschieden, auch diesen Text in seine Sammlung aufzunehmen.
Die erwähnten Fotos, die Kriegsgefangene und die Drangsalierung eines Juden im Osten zeigen, wurden in dem Artikel ‚Evangelisches Feldgesangbuch stoppte Granatsplitter am Herzen. Osnabrücker öffnen Fotoalben aus der Hitler-Zeit – Bedrückende Dokumente' in der ON am Sonntag veröffentlicht (27. 1. 2008).
Die Verszeilen ‚Du schmücktest selbst Dich mit dem äußern Zeichen/von Heldentum' in dem oben zitierten Gedicht beziehen sich offensichtlich auf die (auch fotografisch belegte) Tatsache, dass E. M. Remarque nach Kriegsende in Osnabrück gesichtet wurde, in einer Leutnantsuniform mit dem EK I an der Brust herumspazierend. Das ärgerte manchen Mitbürger sehr und wurde später propagandistisch gegen den Schriftsteller verwendet, nachdem er Weltberühmtheit erlangt hatte. Die Wahrheit ist: Er trug das ‚Eiserne Kreuz Erster Klasse' zu Recht, das

ihm durch seinen Feldtruppenteil verliehen worden war. Leutnant ist er allerdings nicht gewesen.

Das Schmähgedicht auf Remarque erschien bereits am 2. Dezember 1930 im Osnabrücker ‚Stadtwächter', einem antisemitischen Hetzblatt, das dem NS-Organ ‚Der Stürmer' wesensverwandt war. Ein Faksimile des Gedichts findet sich in der Schrift ‚Das Erich Maria Remarque-Archiv Osnabrück' (Osnabrück-Sutthausen ²1991).

(Freundliche Hinweise von Herrn Prof. Dr. Tilman Westphalen, Erich Maria Remarque Gesellschaft e. V., Osnabrück)

Die Leuchter

Würden Sie es sich zutrauen, zwei Kerzenständer als Schabbatleuchter zu erkennen? Nein? Dann geht es Ihnen wie meinem Freund.
Aber das ist nicht weiter verwunderlich, sagt ein Experte. „Zu Aussehen, Form, Material dieser Leuchter gibt es keine Vorgabe. Sie entsprachen respektive entsprechen meist dem Zeitgeschmack beziehungsweise der persönlichen Vorliebe. Die meisten mir bekannten Leuchter haben auch keine hebräischen Inschriften oder Symbole, die sie eindeutig als Schabbatleuchter ausweisen. Im Regelfall muss man sich auf die mündliche Überlieferung verlassen."
Eine solche stand meinem Freund allerdings nicht zur Verfügung, als er an einem Donnerstag im Januar vorvergangenen Jahres spätabends noch einmal vor die Tür trat, um nach seinem Sperrmüll zu schauen. Das empfiehlt sich durchaus. Denn im Schutz der Dunkelheit vermehrt sich der Haufen überflüssiger und/oder schadhafter Dinge, deren Abtransport eine Woche im Voraus schriftlich oder fernmündlich beantragt und genehmigt werden muss, häufig auf wundersame Weise. Die Erfahrung haben wir vermutlich alle schon einmal gemacht.
So erlebte es auch mein Freund, der mir diese Geschichte kürzlich erzählte. Auf der Deckplatte eines roh zusammengezimmerten, halbhohen Schränkchens, das bereits eine Sperrmüll-Vergangenheit hatte, standen

zwei schlanke, etwa 25 bis 30 cm hohe Gegenstände, die im Licht der Straßenlaterne metallen schimmerten. Beim Näherkommen stellte er fest, dass es sich um Kerzenständer handelte, die keinesfalls aus seiner Familie stammten. Als er sie aufnahm, bemerkte er, dass sie einiges an Gewicht hatten. Er nahm sie mit ins Haus, um sie in Ruhe zu untersuchen, bevor über ihr weiteres Schicksal entschieden würde.
Seine Frau sah die Leuchter mit großem Interesse. „Guck mal, der Fuß und der Schaft, das sieht doch aus wie bei einer Palme. Und obendrauf die klassische Amphore. Und Kerzenstummel sind auch noch drin. Wenn das mal nicht zwei Schabbatleuchter sind!“ Sie hat Theologie studiert und sich dabei eingehend mit dem Judentum beschäftigt. Daher sprach einiges dafür, dass sie mit ihrer Vermutung recht hatte. Aber woran genau man Schabbatleuchter erkennt oder wie sie sich von normalen Leuchtern unterscheiden, wusste sie auch nicht.
Da es schon spät war, verschoben die beiden weitere Klärungsversuche auf den nächsten Tag und gingen erst einmal schlafen.
Als mein Freund am nächsten Morgen ins Wohnzimmer kam und die Jalousien hochgezogen hatte, um das Tageslicht hereinzulassen, standen die Leuchter da auf dem Tisch. Die Form war schlicht, zugleich aber anmutig und elegant – ein Eindruck, der wohl durch die geschwungene Linienführung hervorgerufen wurde. Durch den matten Silberglanz schimmerte es an einigen Stellen messingfarben oder rötlich. Waren die

Leuchter etwa aus Gold und nur mit einem Silberfirnis überzogen? Mein Freund suchte nach Stempeln, fand aber keine. Die kreisrunden Füße waren auf der Unterseite mit grünem Filz überklebt. Er versuchte ihn abzuziehen, um darunter womöglich auf irgendwelche Zeichen oder sonstige Hinweise zu stoßen, eine Inschrift vielleicht. Aber der Filz war nur schwer zu lösen, und er hätte ihn zerstören müssen, um ihn zu entfernen. Also beließ er ihn an seinem Ort.

Mein Freund versuchte, an weitere Informationen zu gelangen. Über das Internet fand er die Adresse des Jüdischen Museums Westfalen. Er schickte eine Mail dorthin und fügte ein Foto bei. Die Antwort kam schnell. Sie besagte, dass es sich bei den beiden abgebildeten Leuchtern durchaus um Schabbatleuchter handeln könne. „Es ist Teil des Schabbatrituals am Freitagabend, dass (mindestens) zwei Kerzen entzündet werden. Hierzu müssen gleich gestaltete Kerzenleuchter verwendet werden ...“ Es folgten die Sätze, die ich eingangs schon zitiert habe.

Inzwischen war meinem Freund sonnenklar, wie es dazu gekommen sein musste, dass die Leuchter auf seinem Sperrmüll landeten. Das konnte kein Zufall sein! Ich muss hier wohl vorausschicken, dass mein Freund seit Jahren über die regionale NS-Geschichte forscht und sich dadurch an seinem Wohnort einen gewissen Bekanntheitsgrad erworben hat. Erst vor einigen Tagen war in einer Zeitung über seine Arbeit berichtet worden. Das hatte offenbar jemand gelesen, in dessen Händen – von ‚Besitz’ zu sprechen, verbietet sich wohl in diesem Zusammenhang – sich die Leuchter befanden, die am 9. November 1938 (oder danach) aus einem jüdischen Haushalt der Stadt geraubt worden waren. Von ihrem Gewissen geplagt, versuchte nun diese (aus verständlichen Gründen anonym bleiben wollende) Person, über meinen Freund eine Rückerstattung vorzunehmen, im Vertrauen darauf, dass er schon wissen werde, an wen die Leuchter weiterzuleiten seien. So waren sie nächtens auf dem Sperrmüll vor seiner Tür abgestellt worden.

Seine Frau stimmte der Deutung im Großen und Ganzen zu. „So könnte es immerhin gewesen sein“, sagte sie, wobei sie das ‚könnte' betonte. Er ließ allerdings keinen Einwand gelten. ‚Jüdisches Eigentum nach 70 Jahren herausgegeben. Schabbatleuchter auf dem Sperrmüll abgestellt. Wer war der Täter?' Er sah schon die Schlagzeilen vor sich. Die Geschichte musste in die Zeitung!

Aber vorher war noch einiges zu unternehmen.

Er machte einen Anruf und fuhr dann los, die beiden Leuchter im Fahrradkorb. Der Vorsitzende der örtlichen jüdischen Gemeinde öffnete ihm persönlich und führte ihn ins Haus. Mein Freund packte die Leuchter aus, der Vorsitzende nahm sie entgegen und untersuchte sie sorgfältig. Dann gab er sie zurück. „Das könnten tatsächlich Schabbatleuchter sein“, sagte er. „Ich habe schon welche gesehen, die diesen sehr ähnlich waren. Aber mit letzter Sicherheit kann ich es nicht sagen. Sie könnten auch aus einem nichtjüdischen bürgerlichen Haushalt des 19. Jahrhunderts stammen.“

Aber auch er hielt es für möglich, dass die Leuchter absichtlich vor der Tür meines Freundes abgestellt worden seien. „Wenn Sie zustimmen, würde ich sie gern in einer Vitrine zeigen. Wir beginnen ja demnächst mit dem Neubau der Synagoge. Im Rahmen der Einweihung möchte ich eine kleine Ausstellung vornehmen. Die Leuchter würden gut zu den anderen Gegenständen passen." Mein Freund hatte nichts dagegen. Allerdings schlug er vor, zunächst das Fundbüro einzuschalten, bevor endgültig über den Verbleib der Leuchter entschieden würde. Der Vorsitzende war einverstanden.

Mein Freund fuhr zum Fundbüro. Dort hörte man sich die Geschichte an, die er zu erzählen hatte. Dann wurde eine ‚Fundanzeige' aufgenommen und ihm eine Kopie davon überreicht, die er auf Richtigkeit der Angaben zu überprüfen hatte.

„Fundsache: 2 Kerzenleuchter, silberfarben, schwere Ausführung

Fundbuchnummer: 800-162

Funddatum: 24.01.2008

Fristablauf/Abholung bis: 13.08.2008

Fundort: OT (Ortsteil) (Es folgte der Name.)

Aufbewahrung: Finder"

Die Rubrik ‚Wert ca.: -' war unausgefüllt geblieben. Am Ende des Schriftstücks fand sich der Vermerk: „Sollte der Fundgegenstand vom Finder verwahrt werden, geht die Sache 6 Monate nach Ausstellung der Fundanzeige (Abgabedatum) in das Eigentum des Finders über."

Der anschließende Hinweis „Für die Aufbewahrung von Fundsachen müssen Verwaltungsgebühren erhoben werden“ ließ meinen Freund zurückschrecken. Die wollte er ungern zahlen müssen. Also erklärte er seine Einwilligung, die Leuchter wieder mitzunehmen, und die Anzeige wurde mit einem dicken roten Stempel-Aufdruck „Beim Finder in Verwahrung“ versehen.
Nun hatte wohl alles seine Richtigkeit. Mein Freund schwang sich wieder in den Sattel und radelte in Richtung Innenstadt, um sozusagen Kontakt zur Presse aufzunehmen, die gern seine Geschichte entgegennehmen würde. Davon war er fest überzeugt.
Unter den Passanten, an denen er vorüberfuhr, erkannte er eine Nachbarin. Mit ihrem Mann wohnte sie etwas weiter entfernt in der Siedlung. Aber wenn sie sich begegneten, sprachen sie manchmal miteinander und tauschten sich darüber aus, was aus den Kindern geworden war. Er hatte sie länger nicht gesehen. Einem plötzlichen Impuls gehorchend, stieg er vom Rad, wartete, bis sie näher kam, und begrüßte sie.
Sie sprachen über dies und jenes. Dann erzählte er ihr, in welcher Angelegenheit er unterwegs sei. „Stellen Sie sich vor, als ich gestern Abend noch einmal nach unserem Sperrmüll sehen wollte, standen da doch zwei schöne antike Leuchter auf dem Haufen. Das sind mit Sicherheit Schabbatleuchter, wollen Sie sie mal sehen? Ich habe sie in meinem Fahrradkorb. Da hat wohl jemand ein schlechtes Gewissen gehabt. Ich war schon beim Vorsitzenden der jüdischen Gemeinde und beim Fundbüro und fahre jetzt zur Zeitung.“

Die Nachbarin erbleichte und schlug die Hände vors Gesicht. Langsam ließ sie sie wieder sinken. „Um Gottes willen!“, rief sie aus. „Das ist ja ganz furchtbar. Die hat mein Mann hingestellt. Er hat gesagt, er will die alten Dinger nicht länger im Regal verstauben lassen. Und um die Ecke läge gerade Sperrmüll, da würde er sie dazustellen. Ich habe ihm gesagt, er soll es nicht tun. Aber er hat nicht auf mich gehört. Sie kennen ihn ja. Das tut mir jetzt wirklich ganz schrecklich leid!“
Mein Freund machte eine Pause.
„Aber damit ist die Geschichte noch nicht zu Ende“, sagte er dann. Wie die Nachbarin nämlich weiter erzählte, hätten sie die Leuchter von einem längst verstorbenen Onkel geerbt, der während des Kriegs als Zahlmeister der Wehrmacht in Brüssel recht gut gelebt habe. Nazi sei er auch gewesen. „Das alte Ekel! Woher der die Leuchter und die anderen alten Sachen hatte, die in seiner Wohnung herumstanden, möchte ich lieber nicht wissen!“ In Wirklichkeit möchte sie es doch wissen, meinte mein Freund, und er natürlich auch. Aber das helfe auch nicht weiter.
Jetzt stehen die Leuchter schon seit fast zwei Jahren bei ihm im Regal und haben, wie er sagte, schon wieder ein wenig Staub angesetzt. Seit dem 13.08.08 kann er sie als endgültig in sein Eigentum übergegangen betrachten.
Ich gab ihm einen Rat, dem er zustimmte. Er wird noch einmal den Vorsitzenden der jüdischen Gemeinde anrufen. Wenn er die Leuchter will, kann er sie haben.

Die Erzählung beruht auf einer wahren Begebenheit.
Die Leuchter sind inzwischen der jüdischen Gemeinde vor Ort übergeben worden.

Bissendorfer Triologie

I.

Vor dem Vernehmer des Militärtribunals erscheint der polnische Staatsbürger M ., Wladislaw, angeklagt wegen Mordes an seinem Landsmann Bryk, Pawel, und gibt die folgende Aussage zu Protokoll:

Geboren wurde ich am 3. Februar 1915 in Grabowo im östlichen Polen. Das ist ein kleines Dorf mit einer Kirche, einer Schule und einigen Läden, die meist Juden gehörten. Mein Vater war Bauer. Aber er hatte nur ein Pferd, drei Kühe, ein paar Schweine, Hühner, Enten und Gänse auf wenig Land. Davon musste er seine große Familie ernähren. Wir waren sieben Kinder, drei Jungen und vier Mädchen. Ich war der Älteste.

(Auf Frage:) Ich weiß nicht, was aus meiner Familie geworden ist. Bei Beginn des Krieges wurde ich Soldat. Seitdem bin ich nicht wieder zu Hause gewesen.
Pawel kannte ich schon als Kind. Er wohnte nicht weit von uns entfernt und war nur einen Monat älter als ich. Er hat sich immer aufgespielt und damit geprahlt, dass er der Ältere und Klügere sei. Aber er meinte es nicht böse. Auch sein Vater war Bauer. Wir spielten zusammen, gingen zusammen zur Schule und zur Kirche, wo wir beide Messdiener waren. Als wir älter wurden, hatten wir nicht mehr so viel Zeit, zusammen zu sein. Wir mussten beide unseren Vätern helfen. Aber abends

und am Wochenende trafen wir uns oft. Wir stiegen zusammen den Mädchen nach und gingen auch mal in die Wirtschaft, wo wir uns mit anderen Freunden trafen.
Pawel war ein hübscher Bursche. Er sah besser aus als ich, das muss ich wohl zugeben. Er hatte Erfolg bei den Frauen. Auch meinen Schwestern hat er den Kopf verdreht. Wenn er mal kam, um uns zu besuchen, liefen sie gleich herbei und Pawel hier und Pawel da, als ob es sonst nichts auf der Welt gäbe. Manchmal trieb er es so schlimm, dass das ganze Dorf darüber sprach und ihn der Pfarrer zurechtweisen musste. Aber er meinte es nie böse, es war nur so, dass die Frauen es ihm leicht machten.

(Auf Frage:) Nein, eifersüchtig bin ich eigentlich nie auf ihn gewesen. Ich habe ja bald eine feste Freundin gehabt, Maria hieß sie. Wir wollten auch heiraten. Aber dann kam der Krieg, und ich musste Soldat werden. Sie hat mir noch geschrieben, als ich schon in Deutschland war. Dann habe ich nichts mehr von ihr gehört. Ich denke, sie ist auch nach Deutschland zum Arbeiten gekommen. Aber ich weiß es nicht. Manchmal denke ich, es wäre schön, nach Hause zu kommen und sie und die anderen wiederzusehen. Aber dann denke ich daran, was mit Pawel geschehen ist und was ich getan habe. Und dann möchte ich nie mehr in unser Dorf zurückkehren.

(Auf Frage:) Ja, auch beim Militär waren wir zusammen. Wir haben den Wehrdienst bei der Kavallerie abgeleistet, weil wir uns mit Pferden auskannten. Das war eine schöne Zeit, an die ich gern zurückdenke. Danach kehrten wir in unser Dorf zurück. Als der Krieg ausbrach, wurden wir gleich eingezogen. Die deutschen Panzer schossen uns die Pferde zusammen, und wir gerieten in Gefangenschaft. Dann wurden wir nach Deutschland zum Arbeiten geschickt, ohne die Heimat wiederzusehen. Wir hörten aber, dass dort inzwischen die Russen einmarschiert seien.

(Auf Vorhalt:) Ich weiß nicht genau, warum sie das getan haben. Uns wurde ja nichts gesagt. Aber wenn Sie sagen, dass die Rote Armee damals den Schutz von einem Teil Polens vor den deutschen Faschisten übernommen hat, dann wird es wohl so gewesen sein. Ich wollte jedenfalls mit dem, was ich gesagt habe, nicht die heldenhafte Rote Armee beleidigen.
Wir wurden mit der Bahn nach Deutschland gebracht, das war im Oktober 1939, wenn ich mich recht erinnere. Wir waren nur Männer, alles Kriegsgefangene. Zunächst kamen wir in ein großes Lager. Das Land ringsum war flach und sumpfig, ganz ähnlich wie bei uns zu Hause. Wir mussten Gräben ziehen, damit das Wasser abfloss, und Torf stechen. Der Winter war hart. Die Baracken waren kaum geheizt, und wir konnten unsere nasse Kleidung oft nicht trocknen. Zu essen gab es wenig. Viele wurden krank, und manche starben. Dann kam das Frühjahr, und sie sagten uns, dass wir bald das

Lager verlassen würden. Das sei gut für uns, denn dann seien wir nicht mehr Kriegsgefangene. Nach Hause dürften wir nicht, sondern wir müssten in Deutschland bleiben. Wir würden jedoch besser zu essen bekommen und sogar Geld verdienen. Aber wir glaubten den Deutschen nicht, dass sie uns etwas Gutes tun wollten. Sie brauchten uns weiter zum Arbeiten, weil so viele deutsche Männer als Soldaten kämpfen mussten. Das war es in Wirklichkeit. Das haben wir bald erkannt.

(Auf Frage:) Nein, freiwillig haben wir uns nicht gemeldet. Sie sagten, du bist jetzt Zivilarbeiter, und gaben uns ein Papier. Das war unser Ausweis, den mussten wir nehmen.
Wir wurden in die Stadt Osnabrück gebracht. Auf dem Transport war auch Pawel dabei. Wir haben uns auch im Lager immer zusammen gehalten und zugesehen, dass wir nicht getrennt wurden, wenn sie uns zur Arbeit einteilten. Beide haben wir in Osnabrück gesagt, dass wir etwas von der Landwirtschaft verständen und gerne auf einem Bauernhof arbeiten würden. Andere sagten, dass sie lieber in der Stadt bleiben wollten. Sie dachten, dass es dort nicht so langweilig sein würde, dass sie vielleicht junge Mädchen treffen und ins Kino gehen könnten. Wir waren ja alle noch junge Burschen. Aber sie haben sich geirrt. Viele von ihnen sind umgekommen, als die Stadt bombardiert wurde und Polen und Russen nicht in die Bunker durften.

(Auf Vorhalt:) Ich werde jetzt von Bissendorf erzählen. So heißt nämlich das deutsche Dorf, in das wir schließlich kamen, Pawel und ich. Es war inzwischen Sommer geworden, als sie uns dahin brachten. Wir kamen jeder zu einem Bauern. Aber die Höfe, auf die wir kamen, waren anders als die in Polen. Die deutschen Bauern sind reich. Sie wohnen in großen Häusern, haben viel Vieh und viel Land. Sie haben auch viel Arbeit damit, und da kamen wir Polen gerade recht. Ich musste gleich bei der Heuernte helfen. Dann wurde das Korn geschnitten, später wurden Kartoffeln und Rüben geerntet. Im Winter musste ich mich um das Vieh kümmern und die Ställe ausmisten. Außerdem habe ich Holz aus dem Wald geholt und kleingemacht. Die Arbeit war manchmal schwer, und es gab immer etwas zu tun. Aber mein Bauer war ein guter Mann, und ich musste nicht hungern und frieren. Ich habe auch bald Deutsch gelernt, und wir haben miteinander geredet.

(Auf Frage:) Ich weiß nicht, ob er ein Nazi und in der Nazipartei war. Aber einmal ist die Gestapo auf den Hof gekommen. Sie kamen in einem Auto und haben dem Bauern gesagt, dass er mich nicht mit seiner Familie am selben Tisch essen lassen darf. Mich haben sie in einen Stall geführt und geschlagen. Sie haben gesagt, wenn sie noch einmal hören, dass ich zusammen mit dem Bauern und seiner Familie esse, werden sie mich mitnehmen und ins KZ sperren. Von da an habe ich mein Essen immer in der Diele bekommen. Mein Bauer hat mir auch erlaubt, dass ich manchmal in die Kirche gehe. Aber nachdem die Gestapo da gewesen war, habe ich es nur noch selten gedurft.

(Auf Frage:) Es waren Gottesdienste nur für die Polen. Da habe ich dann auch Pawel getroffen. Er hat es nicht so gut gehabt wie ich. Sein Bauer war ein harter Mann, nicht so freundlich wie meiner. Aber das hat Pawel nicht so viel ausgemacht. Auf dem Hof arbeitete nämlich eine deutsche Frau, mit der er sich angefreundet hatte, wie er sagte. Wenn Pawel so etwas sagte, dann wusste man wohl, was das bedeutete. Sie war älter als er und verheiratet. Ihr Mann war krank und deshalb nicht Soldat. Vielleicht hat sie ja einen anderen Mann gesucht. Warum sie auf dem Hof gearbeitet hat, weiß ich nicht. Vielleicht waren sie arm und brauchten das Geld. Vielleicht ging es aber auch den deutschen Frauen wie uns, dass sie arbeiten mussten, weil so viele Männer im Krieg waren.

(Auf Vorhalt:) Ich weiß, dass auch viele deutsche Frauen Nazi waren und auf uns Polen herabsahen. Aber es gab auch andere, die geholfen haben. Ich habe die Frau, mit der Pawel zusammen war, nie getroffen. Ich habe nur von anderen Polen Geschichten über sie gehört.
Bevor wir nach Bissendorf kamen, hat man uns gesagt, dass wir uns von deutschen Frauen und Mädchen fernhalten müssten. Ich glaube, es war einer von der Gestapo, der uns das gesagt hat.
Sie wollten nicht, dass ein Pole mit einer Deutschen Liebe macht. Denn die Polen gehörten zu der slawi-

schen Rasse, die sich nicht mit der deutschen vermischen darf. So hat er es uns erklärt. Wenn ein Pole sich nicht an das Verbot hält, dann wird er aufgehängt. Das waren seine Worte. Wir haben es alle gehört, auch Pawel. Sie haben uns auch gezwungen, das ‚P'-Abzeichen zu tragen. Es wurde auf der Jacke auf der rechten Brustseite aufgenäht und musste immer sichtbar sein. Wer es nicht trug, wurde strengstens bestraft. Ich glaube, sie haben es auch getan, damit die deutschen Frauen wussten, dass wir Polen waren, und sich von uns fernhielten. Aber bei Pawel hat es nicht geholfen.

(Auf Frage:) Ich habe ihn ermahnt, immer wieder, wenn wir uns trafen. Aber er hat nur gelacht. „Wladislaw", hat er gesagt, „davon verstehst du nichts. Ich pass schon auf. Sieh doch lieber zu, dass du auch eine Freundin findest. Wer weiß, wie lange es dauert, bis du deine Maria wiedersiehst." Und dann haben sie ihn abgeholt. Ich habe es von den anderen gehört, als ich wieder einmal zur Kirche gehen durfte. Das muss im zeitigen Frühjahr gewesen sein. Ich weiß noch, dass wir darauf warteten, dass wir mit dem Pflügen beginnen konnten. Da ist es passiert.

(Auf Frage:) Ich war sehr traurig, als ich davon hörte, und die anderen Polen auch. Wir wussten ja, was mit Pawel geschehen würde. Aber wir haben auch gesagt, dass er es selbst verschuldet hat. Die Deutschen hatten uns ja gesagt, was passieren würde, wenn wir uns mit deutschen Frauen einließen. Aber Pawel konnte wohl nicht anders. So war er nun mal.

(Auf Frage:) Die deutsche Frau ist auch abgeholt worden, aber erst später. Ich habe gehört, dass ihr die Haare abgeschoren wurden und sie ein Schild umgehängt bekam, auf dem stand, was sie gemacht hatte. So wurde sie durch das Dorf geführt. Aber ich habe es nicht gesehen. Später ist die Frau in ein KZ gekommen. Als sie daraus entlassen wurde, kam sie wieder nach Bissendorf zurück. Aber ich habe sie nie getroffen. Ich bin auch nie da vorbeigegangen, wo sie wohnte. Ich hatte Angst, sie zu treffen, nach allem, was passiert war.
Dann bin ich auch von der Gestapo abgeholt worden. Das war im Spätsommer oder schon im Herbst. Die Deutschen hatten gerade Krieg mit den Russen angefangen. (Auf Vorhalt:) Mit der Sowjetunion. Es war noch sehr warm. Ich musste die Rüben behacken und hatte meine Jacke abgelegt. Der Dorfpolizist kam auf dem Fahrrad vorbei und fragte mich, warum ich nicht die Jacke mit dem ‚P'-Zeichen trage. Ich sagte ihm, dass es dafür zu warm sei, aber dass ich sie später wieder anziehen werde. Aber er hat mir nicht zugehört. Er ist gleich davongefahren. Später kam die Gestapo und holte mich. Sie schlugen mich und sagten, sie hätten mich gewarnt. Dann brachten sie mich nach Osnabrück. Dort schlugen sie mich wieder. Dann brachten sie mich in eine Zelle, in der ich Pawel wiedertraf. Er sah furchtbar aus. Zuerst habe ich ihn gar nicht erkannt. Sie holten ihn wohl jeden Tag.

(Auf Frage:) Mich haben sie auch geschlagen, aber nicht so oft. Ich musste manchmal kleine Arbeiten für sie verrichten, die Stiefel putzen oder ein Fahrrad reparieren, so etwas. Dazu ließen sie mich aus der Zelle. Pawel kam nur heraus, wenn sie ihn holten. Er wusste, dass er sterben würde für das, was er getan hatte. Aber er wusste nicht, warum sie so lange warteten.
Pawel hatte große Angst. Er fragte mich, ob ich glaubte, dass ein Priester dabei sein würde, wenn sie ihn hängten. Aber das wusste ich auch nicht. Er wollte die Deutschen darum bitten. Aber ich weiß nicht, ob er es getan hat. Als es dann so weit war, war jedenfalls kein Priester dabei.

(Auf Vorhalt:) Jetzt werde ich zu Ende erzählen, auch wenn es sehr schwer für mich ist.
Sie fuhren mit uns zurück nach Bissendorf und weiter, bis wir in einen Wald kamen. Dort war eine große Grube, ein alter Steinbruch vielleicht. In der Grube stand ein Baum, von dem ein Seil herabhing, mit einer Schlinge am Ende. Unter dem Seil stand ein Stuhl. Wir wussten, was das bedeutete. Pawel versuchte, sich loszureißen, aber die Wächter hielten ihn fest und brachten ihn zu dem Stuhl. Er musste hinaufsteigen, und jemand legte ihm die Schlinge um den Hals. Dann sagten sie mir, ich müsste den Stuhl wegstoßen. Ich wollte es nicht. Der Kommandant kam und stellte sich vor mich hin. Er war einer von der SS, groß und blond, mit glänzenden Stiefeln. Er sagte: „Du bist doch sein Freund. Da kannst du ihm wohl diesen letzten Dienst erwei-

sen." Dabei lachte er. Wie ein Todesengel sah er aus. Er sagte noch, wenn ich es nicht täte, dann würde ich auch gehenkt. Da habe ich es schließlich getan.

(Auf Frage:) Es waren sehr viele Leute dabei, lauter Polen. Sie bildeten einen großen Kreis um den Baum und mussten zusehen, wie Pawel starb. Sie waren unruhig und schrien und weinten, aber die Deutschen bedrohten sie, und da waren sie ruhig. Sie konnten nichts machen, und ich auch nicht. Gar nichts.

(Auf Frage:) Ich kam danach wieder zurück zu meinem Bauern. Dort bin ich geblieben, bis der Krieg zu Ende war. Ich bin nicht schlecht behandelt worden, aber das war kein Leben mehr. Immer sah ich Pawel vor mir, wie er an dem Seil hing, nachdem ich den Stuhl weggestoßen hatte. Die anderen Polen mieden mich. Sie haben mir nicht gesagt: Du bist ein Mörder. Auch der Pfarrer, dem ich gebeichtet habe, hat mich losgesprochen. Aber ich habe es mir selbst gesagt. Deshalb war ich auch froh, als ich nach Kriegsende verhaftet wurde. Wer mich angezeigt hat, weiß ich nicht. Es ist mir auch gleichgültig. Ich möchte nur endlich wissen, ob ich wirklich ein Mörder bin. Ja, ich habe Pawel getötet, meinen besten Freund. Aber konnte ich denn anders? Sagen Sie es mir bitte, mein Herr, Sie sind doch Offizier und haben das Recht studiert. Konnte ich denn anders?

II.

Er wachte aus bleiernem Schlaf auf, als der Wecker auf dem Nachttisch klingelte. Er streckte die Hand aus, suchte und fand den Knopf, und der Wecker verstummte.

Inzwischen hatte sich seine Frau erhoben. Ohne das Deckbett zurückzuschlagen, huschte sie in die Küche, und an den Geräuschen hörte er, dass sie begonnen hatte, sein Frühstück zu machen. Unter der Schlafzimmertür drang ein schmaler Lichtschein aus dem Flur herein. Er beschloss, noch einen Moment lang liegen zu bleiben.

Gestern Abend war es wieder spät geworden. Erst weit nach zehn hatte er die Dienststelle verlassen können und war nach Hause gefahren. Es hatte den ersten Frost gegeben. Das Kopfsteinpflaster der Straßen war glatt, und da Verdunkelung herrschte, musste er höllisch aufpassen, nicht mit dem Rad zu stürzen. Einmal hatte ihn eine Streife angehalten, aber gleich weiterfahren lassen, als er sich zu erkennen gab. Die Männer hatten etwas erstaunt geguckt – vielleicht weil er mit dem Fahrrad fuhr? Wussten sie denn nicht, dass der Gebrauch eines Dienstwagens für private Zwecke streng untersagt war? Aber so waren die Leute. Dass einer von der Gestapo mit dem Fahrrad fuhr, kam ihnen wohl merkwürdig vor. Wahrscheinlich dachten sie, die Beamten lebten in Saus und Braus, während sie selbst sich einschränken mussten. Und sie hatten ja nicht ganz unrecht. Es gab so manchen in Staat und

Partei, der sich aufführte, als habe er noch nie etwas von der Volksgemeinschaft gehört. Umso wichtiger war es, dass sie, die zur Elite gehörten, ein Vorbild gaben. Unbestechlich, ja, das musste man sein. Hart gegen andere, aber auch und zuerst gegen sich selbst. Nur so konnte es gelingen, den neuen Menschen zu schaffen. Aber das war noch ein langer Weg.
Mit einem Seufzer schlug er das Bett zurück, erhob sich und machte Licht. Er füllte aus einer Kanne, die seine Frau am Abend bereitgestellt hatte, Wasser in eine emaillierte Schüssel, die auf der Kommode stand, und wusch und rasierte sich. Dann zog er die Uniform an. In Hausschuhen ging er in die Küche. Auf dem Boden des kleinen Flurs, um den sich die Räume gruppierten, lag eine Puppe. Gestern Abend war sie ihm nicht aufgefallen. Er überlegte kurz, ob er ins Kinderzimmer gehen und die Tochter wecken solle, damit sie die Puppe wegräume, unterließ es dann aber. „Das Kind hat im Flur seine Puppe liegengelassen“, sagte er zu seiner Frau, als er in die Küche kam. „Sorg’ dafür, dass sie sie wegräumt. Du weißt, dass ich keine Unordnung dulde.“ Die Frau nickte und machte Anstalten, in den Flur zu gehen. „Ich habe gesagt, sie soll sie wegräumen“, sagte er scharf. Die Frau blieb in der Küche.
Nach dem Frühstück, das er allein verzehrte, zog er die Stiefel an, die ihm die Frau gestern noch blank geputzt hatte, als er bereits ins Bett gegangen war. Er hängte sich den Mantel um, nahm die braune Aktentasche in

die Hand und verließ mit kurzem Abschiedsgruß die Wohnung.
Er ging die Treppe hinunter bis in den Keller, in dem sein Fahrrad stand. Es lehnte an dem Verschlag, in dem sie die Kartoffeln aufbewahrten. Daneben stand das Regal mit dem Eingemachten. Das war ihr Vorratskeller. Der Kohlenkeller befand sich daneben.
In dem Haus wohnten vier Parteien, die sich den Keller teilen mussten. Wie eng das alles war! Das war es nun, was man sich als Partei- und SS-Mitglied leisten konnte. Als Angehöriger der Geheimen Staatspolizei, die den Schutz der Volksgemeinschaft vor ihren inneren Feinden gewährleistete! War das gerecht? Aber das Gehalt reichte nicht für eine größere Wohnung in einem der besseren Viertel der Stadt. Einer wie er musste mit einer Mietwohnung am Blumenhaller Weg vorlieb nehmen. Am Westerberg, da würde er gern wohnen. Aber das konnten sich ja nur die Bonzen leisten.
Halt! Er erschrak über sich selbst. Wenn das einer zu ihm sagte, dann würde er ihn gleich festnehmen wegen übler Nachrede und Volksverhetzung. Die Belohnung, sie würde schon noch kommen. Davon war er fest überzeugt. Das war so sicher wie der Endsieg und hing ja auch damit zusammen. Gerade jetzt wurde der Bolschewismus zerschlagen und Russland erobert. Polen war schon gefallen. Da müsste es doch möglich sein, sich ein Gut aus der fälligen Beute zu sichern. In einem Herrenhaus zu wohnen, das ihm allein gehörte, über den eigenen Grund zu reiten und die verbliebenen Einheimischen zu kontrollieren, die für einen ar-

beiten müssten. Ob er sich vielleicht schon jetzt für den Osteinsatz melden sollte? Er hatte manchmal daran gedacht. Aber er wusste, dass er zurzeit in der Dienststelle unabkömmlich war. Und außerdem schien es gerade im Osten nicht recht voranzugehen. Der Winter war zu früh gekommen. Vielleicht sollte er doch bis zum nächsten Frühjahr warten, da war noch Zeit genug.

Inzwischen hatte er das Rad aus dem Keller transportiert. Er befestigte die Aktentasche auf dem Gepäckträger und fuhr los. Um zur Dienststelle zu gelangen, die in einem ehemaligen Hotel untergebracht war, musste er durch die Innenstadt fahren. Draußen wurde es langsam hell. Es schien ein schöner Spätherbsttag werden zu wollen. Das Laub der Bäume, die die Straße säumten, war bunt gefärbt. Aber er nahm es nur am Rande wahr.

Vereinzelt waren Autos unterwegs, vor allem aber andere Radfahrer und Fußgänger. Manchmal wurde er gegrüßt, und er nickte kurz zurück. Er hatte es eilig, zur Dienststelle zu gelangen. Er wusste, dass wieder viel Arbeit auf ihn wartete, und außerdem ein Sondereinsatz, der ihn eine ganze Weile von seinem Schreibtisch fernhalten würde.

Schließlich näherte er sich einem großen repräsentativen Gebäude. ‚Hotel Schaumburg' stand noch in großen Lettern über dem Haupteingang. Er musste grinsen, als er die Aufschrift las. Ein Hotel-Aufenthalt war es wahrhaftig nicht, was diejenigen erwartete, die hier eingeliefert wurden. Sie waren schon angewiesen

worden, die Vernehmungen im hinteren Teil des Gebäudes vorzunehmen, damit die Schreie nicht nach außen drangen.
Im Eingangsflur traf er auf einen der Mitarbeiter. „Alles so weit fertig?“, fragte er kurz. „Jawohl, Sturmscharführer!“ Der Mann stand stramm. „Ich habe dafür gesorgt, dass alle Polen aus der Umgebung da hingebracht werden. Das Gelände wird weitläufig abgeschirmt, wie Sie befohlen haben.“ „Gut. Um elf fahren wir los. Und dass Sie mir den anderen Polen nicht vergessen!“ Mit einem Nicken entließ er den Mann.
Die Verhöre hatte er für heute den Kollegen überlassen. Er ging in sein Büro und begann, sich in die Akten zu vertiefen, die auf seinem Schreibtisch lagen. Die Kommunisten, für die sein Referat zuständig war, machten nicht mehr viel Arbeit. Sie waren weitgehend erledigt – tot oder in KZs verschwunden. Das Problem mit den Juden stand vor der endgültigen Lösung. Man hatte sie aus der Öffentlichkeit ausgeschlossen und in Judenhäusern konzentriert. Nun gingen sie auf Transport in den Osten. Was dort mit ihnen geschah, war für einen Gestapo-Beamten kein Geheimnis. Nur vor der Bevölkerung musste man es geheim halten – vorerst jedenfalls. Alles, was in irgendeiner Weise zur Beunruhigung der Bevölkerung führen könnte, war zu vermeiden, lautete die Direktive. Und vielleicht gab es ja immer noch einige irregeleitete Volksgenossen, die den wahren Charakter der Juden nicht erkennen wollten und Mitleid mit ihnen empfanden.

Nein, Osnabrück würde in Kürze judenfrei sein, daran bestand kein Zweifel. Was wirklich Sorgen bereitete, war die zunehmende Zahl an Ausländern. Leider Gottes brauchte man sie als Arbeitskräfte. Aber man musste sie unter strengster Aufsicht halten. Gerade jetzt rollten endlose Transporte mit russischen Kriegsgefangenen nach Westen, wo in den Stammlagern Arbeitskommandos zusammengestellt wurden, die überall zum Einsatz kommen würden. Wer würde sie kontrollieren? Sie hatten ja schon genug damit zu tun, die Holländer, Belgier und Franzosen zu überwachen. Und die Polen. Vor allem die Polen!
Die anderen, das waren ja noch zivilisierte Menschen, rasseverwandt, die meisten jedenfalls. Obwohl man sich da bei den vernegerten Franzosen auch nicht sicher sein konnte. Aber die Polen! Wenn man sie sich nur ansah, verdreckt, wie sie waren, mit ihren breiten slawischen Gesichtern und den kleinen tückischen Augen. Und wie sie ständig den Priestern hinterherliefen! Überhaupt, mit der Romkirche würde auch noch aufzuräumen sein. Im Moment war es sicher besser, sich mit den Katholiken gutzustellen, in Anbetracht der Kriegslage. Und der Bischof vor Ort stellte sich ja auch nicht zu sehr quer. Aber da hatte es doch diesen Pfarrer in Gellenbeck bei Hagen gegeben, der sich erfrecht hatte, Kriegsgefangene in seinen Gottesdienst einzuladen. Jetzt saß er in Dachau. Das würde den Brüdern hoffentlich eine Lehre sein!
Der Pole, der nachher dran war, hatte sich auch einen Priester gewünscht. Aber das kam gar nicht in Frage.

Eine Unverschämtheit, sowas! Aber so waren sie eben. Erst eine deutsche Frau vögeln und dann noch bei einem Priester beichten wollen, um im Jenseits besser davonzukommen. Im Diesseits würde der Pole jedenfalls nicht davonkommen, dafür würden sie von der Gestapo nachher schon sorgen. Er lächelte hämisch. Es wurde auch allmählich Zeit. Jetzt saß der Kerl schon über ein halbes Jahr bei ihnen in der Zelle und dachte wahrscheinlich, er würde schon irgendwann wieder freikommen. Und das alles, weil die in Berlin sich nicht entscheiden konnten, ob man ihn in die deutsche Volksliste aufnehmen sollte oder nicht. Ihn zu einem Deutschen machen – das hätte noch gefehlt! Aber Gott sei Dank war es dann doch nicht dazu gekommen. Das hätte er denen in Berlin auch gleich sagen können, dass an dem Burschen nichts Deutsches war. Aber sie hatten es genau wissen wollen und ein Rassegutachten und Fotos verlangt, statt gleich die Zustimmung zu geben, dass der Pole baumle. Alles nur Zeitverschwendung, wenn man ihn fragte. Aber ihn, den kleinen Kriminalsekretär, fragte ja keiner!

Die Tür ging auf. „Sind Sie so weit, Sturmscharführer?" Der Leiter war eingetreten. Seit dem Amtsantritt des Juristen und Regierungsrats war es üblich geworden, dass sie sich in der Stelle mit ihren SS-Dienstgraden anredeten. „Hören Sie, dass es mir diesmal nur ja nicht wieder so ein öffentliches Aufsehen gibt wie im Frühjahr, als die Frau verhaftet wurde. Die Polen sollen zusehen, das geht in Ordnung. Aber keine anderen Zu-

schauer bitte! Ich verlass mich da ganz auf Sie!“ Ohne eine Antwort abzuwarten, ging er wieder hinaus.
War das ein Vorwurf gewesen? Oder ein Lob? Als die Frau verhaftet wurde, war er zwar dabei gewesen, aber nicht als Leiter der Aktion. Der Kollege war es gewesen. Er hatte auch angeordnet, dass der Frau die Haare geschoren wurden und sie mit einem Schild um den Hals durch den Ort geführt wurde. ‚Ich bin eine Polenhure, darum muss ich unter die Schure!‘ hatte darauf gestanden. Der Kollege war ganz stolz gewesen auf diesen Einfall, der aber sicher nicht auf seinem Mist gewachsen war, bei seiner Beschränktheit! Aber es hatte Beschwerden aus der Bevölkerung gegeben, und der Kollege und sie alle waren vom Dienststellenleiter persönlich abgekanzelt worden.
Nun war also er Leiter des Kommandos. Er wusste, was man von ihm erwartete, und würde es schon richtig machen. Das bedeutete ja nicht, dass es nicht Raum gab für den einen oder anderen kleinen Einfall dabei – die persönliche Note sozusagen. Abschreckung, darauf kam es an. Die Polen sollten merken, dass sie zu parieren hatten und dass es keine Gnade gab, wenn sie gegen die Regeln verstießen. Er hatte sich mal angesehen, woher der Pole stammte. Dazu hatte er in den Unterlagen über die anderen Polen geblättert, die in der Gegend im Arbeitseinsatz waren. Dabei hatte er eine interessante Entdeckung gemacht. Und die würde er heute ausnutzen. Das konnte ihm nur Lob einbringen, da war er sich ganz sicher.

Es war an der Zeit. Er erhob sich und ging hinunter in den Hof. Die Aktentasche nahm er mit. Zum Mittagessen würde er wieder nicht zu Hause sein. Das hatte er am Morgen seiner Frau gesagt, und sie hatte ihm Brote zurechtgemacht und zusammen mit der Thermoskanne in die Tasche gesteckt. Seine Frau war zuverlässig und tüchtig, da konnte er sich nicht beklagen. Nie lag sie ihm in den Ohren, dass er so oft unterwegs war und nicht genug verdiente, dass sie sich ein Dienstmädchen halten könnten. Eine gute deutsche Frau. Ganz anders als dieses Flittchen, diese Polenhure! Hatte zu Hause einen kranken Mann und ließ sich von einem Polen besteigen, der ihr Sohn sein könnte! Und sie war nicht die Einzige. Über seinen Tisch waren schon mehrere solcher Fälle gegangen. Hatten diese Weiber denn keinen Anstand, kein Schamgefühl? Seine Frau würde so etwas nie machen. Oder? Konnte er da wirklich sicher sein? Frauen waren verführbar, das wusste er. Auch deutsche. Umso wichtiger, dass ihnen mal gezeigt wurde, was passierte, wenn sie sich gehen ließen. Plötzlich stieg die Wut in ihm hoch. Eigentlich schade, dass die Schlampe nicht hier ist, dachte er. Sie sollte zusehen müssen, wie ihr Geliebter am Strick zappelt. Vielleicht sollte man das in Zukunft mal so organisieren. Wieder ein Einfall, der sich verwenden ließ, fand er und beschloss, ihn sich gut zu merken.
Im Hof standen die Fahrzeuge schon bereit. Seine Männer warteten. Die beiden Polen saßen bereits in einem der Wagen, gefesselt und bewacht. Die Männer der Ordnungspolizei, die das Gelände absperren wür-

den, waren angetreten. Er gab einige kurze Befehle, dann setzte er sich in das Fahrzeug, das die Spitze bilden würde. Der Fahrer startete. Hinter ihnen setzte sich die Wagenkolonne in Bewegung.

Die Fahrt dauerte etwa eine halbe Stunde. Sie passierten die Orte Voxtrup, Bissendorf und Holte und kamen in ein waldiges Gelände. Dann waren sie da.

Sein Wagen hielt, und er stieg als Erster aus. Er stand in der Einfahrt zu einem alten Steinbruch. Hinter ihm stoppten die anderen Fahrzeuge, die Polizisten sprangen von den Ladeflächen und schwärmten aus. Sie sicherten die Kante des Steinbruchgeländes, wie es vorher abgesprochen worden war.

In dem Steinbruch standen einzelne hohe Bäume. Unter einem hatte man ein kleines Podest gebaut, auf dem ein Schemel stand. Darüber baumelte von einem der stärkeren Äste ein Strick herunter, der in eine Schlinge auslief. Um den Galgen herum standen zahlreiche Männer in Arbeitskleidung, bewacht von Polizisten, die ihre Gewehre im Anschlag hielten.

„Gut gemacht!“, sagte er anerkennend zu dem Befehlshaber der örtlichen Polizei, der neben ihn getreten war. „Ich werde Sie in meinem Bericht lobend erwähnen. Na, dann wollen wir die Sache mal hinter uns bringen.“

Hinter ihnen ertönte Geschrei. Man hatte die beiden Polen aus dem Wagen gezerrt und nach vorn gebracht. Der eine, der Delinquent, versuchte sich loszureißen und zu fliehen, als er den Galgen sah. Aber die Wächter hielten ihn fest. Einer schlug ihm mit der flachen Hand ins Gesicht, und er hörte auf zu schreien. Dann schleppten sie ihn durch die Gasse seiner Landsleute zu dem Podest und zogen ihn hinauf. Sie zwangen ihn, auf den Schemel zu steigen. Einer der Wächter legte ihm die Schlinge um den Hals, aber hielt ihn fest, damit er nicht vorzeitig ins Fallen kam. Der andere Pole, den man auch herangeführt hatte, stand stumm daneben.

Die Sonne schien schräg in den Steinbruch hinein. In dem leichten Wind tanzten die roten Blätter, die von den Bäumen fielen. Die Luft war frisch und angenehm zu atmen, wenn man aus der Stadt, aus dem Büro kam. Ein schöner Tag eigentlich, dachte er, als er als Letzter auf das Podest stieg und um sich sah. Es tat gut, hier zu sein, Männern Befehle zu geben, die Strafe an einem zu vollziehen, der sie verdient hatte. Für Ordnung zu sorgen.

Er straffte sich und zog die Uniformjacke zurecht.

„Komm her!“ Er winkte den zweiten Polen heran. „Du kommst doch aus demselben Nest wie er, Grabowo oder wie es heißt. Du bist doch sein Freund. Da wirst du ihm doch gern helfen dabei, dass er keine Dummheiten mehr anstellt. Zieh ihm den Schemel weg!“ Das kam als Kommando.

„Das kann ich nicht“, sagte der Pole in einwandfreiem Deutsch.

„Gut, dann wirst du eben gleich nach ihm hängen. Erledigen Sie das!“ Er winkte einem seiner Männer und tat, als wollte er von dem Podest steigen.

Der Pole stand einen Moment wie erstarrt. Dann trat er mit Wucht gegen den Schemel. Er flog zur Seite, und der Körper des zu Hängenden stürzte nach unten. Später im Auto packte Friedrich K. die Butterbrote aus, die seine Frau ihm geschmiert hatte, und trank den Kaffee aus der Thermoskanne. Es hatte also alles gut geklappt heute. Der Pole war tot, seine Landsleute hatten ihre Lektion bekommen, und das Ganze war wie angeordnet unter Ausschluss der Öffentlichkeit geschehen. Der Leichnam war schon abgenommen und würde irgendwo verscharrt werden, das hatte er noch angeordnet. Er war rundum mit sich zufrieden. Heute hatte er sich für höhere Aufgaben qualifiziert. Da war er sich ganz sicher.

III.

Heute Nacht hatte sie von dem Jungen geträumt. Das erste Mal seit langer, langer Zeit. Aber sie erinnerte sich nur noch undeutlich an den Traum. Er hatte im Wasser gelegen, in einem Fluss vielleicht, und war langsam fortgetrieben. Sie wusste, dass es Pawel war. Aber sie konnte sein Gesicht nicht sehen. Sie hatte versucht, ihn festzuhalten, und war ins Wasser gewatet. Aber sie konnte ihn nicht fassen. Als sie aufwachte, war ihr Gesicht nass von Tränen.

Wie immer machte sie sich ihr Frühstück allein. Man konnte es im Speisesaal zusammen mit den anderen haben. Aber sie hatte entschieden, es sich auf dem Zimmer selbst zu machen, solange sie dazu noch in der Lage wäre. Das Mittagessen zusammen mit den anderen konnte sie nicht immer vermeiden. Das ließ die Heimordnung nur ausnahmsweise zu, und sie hatte schon zu oft Gebrauch davon gemacht. Aber sie fürchtete sich jedes Mal davor, am Mittagstisch auf Mia, Zia und Hetti zu treffen. Da war es gut, ein Zimmer für sich zu haben. Die paar Ersparnisse und die Rente hätten dafür nicht gereicht. Aber sie war als ‚Verfolgte des Naziregimes' anerkannt worden, was lange gedauert und im Ort wieder böses Blut gemacht hatte. Und sie war behindert. Das hatte es ihr möglich gemacht, ein eigenes Zimmer im Heim zu bekommen.

Heute stand die allwöchentliche ärztliche Visite an. Eigentlich mochte sie den jungen Doktor. Aber er redete manchmal zu schnell und vergaß, dass sie nicht

mehr so gut hörte. Das ständige Nachfragen war ihr peinlich. Da nahm sie lieber in Kauf, nur die Hälfte von dem zu verstehen, was er sagte. Heute schien er sich allerdings zu bemühen, langsamer und deutlicher als sonst zu sprechen, obgleich sie erst zweimal nachgefragt hatte. Sie nahm es dankbar zur Kenntnis.
„Dass Sie ein schwaches Herz haben, wissen Sie ja. Aber der Blutdruck ist so weit in Ordnung. Natürlich wie immer zu niedrig. Gegen die Schmerzen in den Beinen habe ich Ihnen etwas verschrieben. Nun ruhen Sie sich erst mal aus. Wir sehen uns dann in einer Woche wieder." Der Arzt begann, seine Instrumente einzupacken. Die Visite war beendet.
Aus ihrem Lehnstuhl heraus schaute sie ihm zu. Jetzt war er fertig und wandte sich noch einmal nach ihr um.
„Ich bekomme nachher wohl Besuch", sagte sie plötzlich.
„Na, das ist ja großartig. Da freuen Sie sich sicher drauf. Wer kommt denn, wenn ich fragen darf?" Offenbar war er überrascht. Er wusste natürlich, dass sie kaum oder nie Besuch bekam, anders als die meisten Insassen des Altersheims, deren Familien in der Nähe wohnten. So etwas blieb ja nicht verborgen.
„Es ist eine Frau. Ich kenne sie nicht. Sie will mit mir sprechen, weil sie ein Buch schreibt."
„Und worüber?"
„Sie will mich nach früher fragen. Sie hat angerufen und gesagt, dass sie von mir gehört hat. Sie will ein Interview mit mir machen. Ich habe auch einen Zettel, wo der Name draufsteht, mit der Telefonnummer. Sie

hat gesagt, wenn es doch nicht passt, soll ich einfach anrufen."
Sie wollte seinen Rat. Sie brauchte ihn von irgendjemandem. Und schließlich kannte er sie besser als andere, oder genauer: ihren alten Körper. Die Spur der Furunkulose und der Hungerödeme, die das Lager hinterlassen hatte. Einige Male hatte er auch Fragen gestellt. Aber ihre Geschichte hatte sie ihm nicht erzählt. Wer wusste auch, was er inzwischen alles an Tratsch gehört hatte. Und außerdem, was kümmerte es ihn als einen, der nicht aus dem Ort stammte?
„Wenn Sie meinen Rat wollen, dann sollten Sie alles vermeiden, was Sie aufregt", sagte er jetzt. „Sie sind schließlich nicht mehr die Jüngste. So ein Interview kann ganz schön anstrengend sein, nehme ich an. Ich kenne mich da allerdings nicht aus. Aber wenn Sie das Bedürfnis haben, zu erzählen ..." Er vollendete den Satz nicht.
„Ich glaube, ich sage doch ab."
Sie hatte sich entschieden. Der Arzt zuckte die Achseln. „Sie können es sich ja noch mal überlegen", sagte er. „Manchmal hilft es ja auch, wenn man reden kann." Dann verabschiedete er sich kurz. Sie wusste, er hatte noch andere Patienten im Haus zu besuchen.
Die Frau blieb noch eine Weile sitzen. Ob sie ihn doch falsch eingeschätzt hatte? Vielleicht verurteilte er sie ja nicht. Vielleicht waren den jungen Leuten die alten Geschichten auch nicht mehr wichtig. Gerade noch war sie entschlossen gewesen, gleich den Anruf zu machen, sobald der Arzt ihr Zimmer verlassen hätte. Aber

nun ließ sie es bleiben. Nachher!, sagte sie sich. Es kommt ja noch zurecht. Es sind ja noch ein paar Stunden, bis die Frau kommt. Da kann ich immer noch absagen.
Sie erhob sich und ging mit Mühe hinüber zu der Kochnische. Ihre Beine schmerzten. Sie brühte sich eine Tasse Nescafé auf und kehrte zurück zu ihrem Stuhl.
Kaffee – das war immer noch etwas Besonderes. Die Jüngeren dachten sich nichts dabei, wenn sie sich aus einer vollen Kanne einschenkten oder ins Café gingen. Aber wer den Krieg erlebt hatte und im Lager gewesen war, der wusste, was das für ein Luxus war, eine Tasse Kaffee. Sie trank ihn in kleinen Schlucken.
Vor ihr auf dem Tischchen standen einige gerahmte Fotos. Sie nahm sie nacheinander in die Hand. Das eine zeigte, stark vergilbt wie es war, einen Fachwerkkotten, vor dem sie als Kind mit den Eltern stand. An den Vater konnte sie sich kaum noch erinnern. Er war in Frankreich gefallen, als sie gerade 14 war. Die Mutter hatte ihn lange überlebt. Sie war nach dem zweiten Krieg gestorben – ‚an gebrochenem Herzen', weil sie die Schande nicht ertrug, wie die Leute sagten. Dabei hatte sie als Einzige zu der Tochter gehalten und sie aufgenommen, als sie aus Ravensbrück entlassen wurde. Gestorben war die Mutter an Krebs.
Die Bilder der Kinder anzusehen, fiel ihr jedes Mal schwer. Da war der Sohn, den sie seit Jahren nicht mehr gesehen hatte. Der Kontakt zwischen ihnen war gänzlich abgebrochen. Manchmal erfuhr sie über die

Tochter etwas von ihm. Die Tochter schickte ihr Briefe, wenn auch in größeren Abständen. Zum Geburtstag und an Weihnachten rief sie auch schon mal an. Aber zu Besuch kam sie nicht. Sie wollte das Dorf nicht wiedersehen. Sie hatte wohl zu sehr gelitten darunter, was über die Mutter geredet wurde.

Warum konnten die Leute nicht wenigstens die Kinder in Ruhe lassen? Warum waren sie so erbarmungslos? War es das, was Gott wollte? Sie musste daran denken, wie sie einmal zum Pastor gegangen war, um ihn um Hilfe zu bitten. Das war lange her. Und bewirkt hatte es nichts. Der Pastor hatte davon gesprochen, dass die Schuld der Eltern sich auf die Kinder übertrüge. Bis ins dritte und vierte Glied, hatte er gesagt, und damit die Enkel und Urenkel gemeint. Der Pastor war im Krieg Militärgeistlicher gewesen. Seit dem Gespräch war sie nie mehr zur Kirche gegangen, obwohl sie eigentlich gläubig war. Jetzt war der Pastor lange tot. Den Nachfolger kannte sie nicht.

Mia, Zia und Hetti fielen ihr wieder ein. Sie nahm ein weiteres Bild in die Hand. Da stand sie auf dem Klassenfoto inmitten der Freundinnen, die sich vielleicht gerade unten im Speisesaal die Mäuler über sie zerrissen. Was hatte sie ihnen eigentlich getan? Sie hatte doch keiner den Mann ausgespannt. Warum also dieser Hass? Immer wieder musste sie über diese Frage nachdenken. Sie wusste doch, was so alles im Dorf passierte, beim Schützenfest, bei Taufen und beim Kränzen, selbst bei Beerdigungen. Da wurde reichlich getrunken und danach ... Wie viele gab es, die es mit

der ehelichen Treue nicht allzu genau nahmen. Warum war sie dann auf Lebenszeit die Ausgestoßene, die Verfolgte, die ‚Polenhure' eben? Genügte es den anderen nicht, dass sie zugesehen hatten, wie sie geschoren und mit dem Schild um den Hals durch die Straßen getrieben wurde? Kürzlich hatte es abends Wurstaufschnitt gegeben. „Krakauer", hatte Hetti gesagt. „Aus Polen. Endlich mal was für dich, Lina!" Und die anderen hatten gekichert. Da war es wieder da gewesen.
Sie stellte das Bild zurück. Ein Foto ihres früheren Mannes besaß sie nicht. Vielleicht würde sie es heute aufstellen, wenn sie noch eins besäße. Sie zürnte ihm nicht. Sie hatte es ja verstanden, dass er sich damals scheiden ließ. Sie hätte sich nur gewünscht, dass er einmal mit ihr gesprochen hätte über das, was passiert war. Aber das war nie geschehen. Vielleicht konnte er es nicht. Vielleicht waren die Verhöhnungen, die Witzeleien über den ‚Gehörnten' zu viel für ihn.
Von Pawel hätte sie gern ein Bild gehabt. Jetzt fiel ihr wieder der Traum in der letzten Nacht ein. Sie wusste nicht mehr, wie er aussah. Sie erinnerte sich nur daran, wie jung er gewesen war. Manchmal hatte sie sich wie seine Mutter gefühlt. Das war überhaupt der Anfang gewesen. Ihr hatte der junge Mann leidgetan, der in seiner schlechten Kleidung so erbärmlich fror, als es Winter wurde. Sie hatte ihm heimlich Sachen ihres Mannes zum Unterziehen gegeben, was natürlich streng verboten war. Aber sie hatte es trotzdem getan. Der junge Pole hatte sich überschwänglich bedankt und seitdem ihre Nähe gesucht, wann immer das möglich war.

Sie hatte ihm Essen zugesteckt und manchmal erklärt, was er tun müsse, weil er mit der deutschen Sprache nicht so gut zurecht kam. Als sie bemerkte, dass er um sie warb, wollte sie es zunächst nicht glauben. Sie war doch so viel älter als er! Aber dann hatte sie sich darauf eingelassen, wahrscheinlich, weil sie es so lange hatte entbehren müssen. Und dann war es eben passiert – einige Male, im Stall, auf dem Heuboden. Sie hatte es genossen, das musste sie zugeben. Er war so zärtlich gewesen, wie sie das bei ihrem Mann nie erlebt hatte. Wer mochte sie angezeigt haben? Sie wusste es nicht. Bei den Vernehmungen hatten sie dann darauf bestanden, dass sie es gewesen sei, die Pawel verführt habe. Sie hatte es schließlich auch zugegeben und sogar ein Schuldeingeständnis unterschrieben, weil sie dachte, ihn damit schützen zu können. Aber es hatte nichts genützt. Und in Wirklichkeit war es auch nicht so gewesen. Sie hatten es gewollt, alle beide.
Ob seine Familie sie hasste? Pawel hatte manchmal von den Eltern und den Geschwistern erzählt. Er hatte Sehnsucht nach ihnen und dem Dorf, aus dem er stammte. Ob sie dort überhaupt wussten, welches Ende Pawel genommen hatte? Manchmal hatte sie darüber nachgedacht, wie es wäre, nach Polen zu fahren, sein Heimatdorf aufzusuchen und die Nachricht zu überbringen. Aber das wäre ja nach dem Krieg gar nicht möglich gewesen. Und jetzt war sie zu alt dafür.
Vielleicht war sie ja schuldig geworden. Vielleicht hätte sie dem Werben des jungen Mannes widerstehen müssen. Es hatte ihn das Leben gekostet und ihre eigene

Familie zerstört. Gott durfte darüber richten. Aber nicht die drei Frauen da unten im Speisesaal. Sie hatte es lange genug erduldet. Sie würde es sich nicht länger gefallen lassen. Das nächste Mal, wenn wieder etwas über Polen käme, würde sie ihnen die Meinung sagen, endlich! Sie würde ihnen sagen, sie sollten gefälligst erst mal vor der eigenen Tür kehren. Dann würde sie aufstehen und sich einen anderen Platz suchen. Und das Interview würde sie auch nicht absagen, jetzt erst recht nicht. Im Gegenteil, sie freute sich darauf!
Mit einem energischen Ruck erhob sie sich. Dass die Beine dabei schmerzten, nahm sie in Kauf. Jetzt wollte sie hinunter zum Mittagessen.

Die Osnabrücker Gestapo-Kartei vermerkt auf den beiden für ‚Bryk, Pawel' angelegten Karten:

„11.3.41 B. wurde am 22.2.41 festgenommen, weil er überführt und geständig ist, in den Monaten November und Dezember 1940 mit einer deutschen Frau mehrmals den Geschlechtsverkehr ausgeführt zu haben. Gegen ihn ist Schutzhaft und Unterbringung in ein KL. beantragt worden.

29.11.41 B. wurde auf Befehl des Reichsführers SS und Chefs der Deutschen Polizei am 19.11.41 um 11.30 Uhr in Holte Sünsbeck bei Bissendorf unter Ausschluss der Öffentlichkeit erhängt."

Für ‚G., Lina' sind ebenfalls zwei Karten vorhanden. Darauf ist vermerkt:

„11.3.41 Die G. wurde am 27.2.41 festgenommen, weil sie überführt und geständig ist, mit einem polnischen Landarbeiter in den Monaten November und Dezember 1940 5 bis 6 mal den Geschlechtsverkehr ausgeführt zu haben. Gegen sie ist Schutzhaft und Unterbringung in ein KL. beantragt worden.

16.3.42 Gem. FS.Erlass vom 9.3.42 wurde gegen die G. Schutzhaft und Überweisung in das KL. Ravensbrück angeordnet.

28.5.43 Die G. ist am 21.5.43 probeweise aus der Schutzhaft entlassen worden, mit der Auflage, sich jeden 3. Werktag bei der Ortspolizeibehörde in Bissendorf zu melden. Sie wird weiterhin überwacht.

11.12.43 Die gegen der G. verhängte Meldepflicht wird mit sofortiger Wirkung aufgehoben."

Die Jahresangabe im Datum ‚16.3.42' ist vermutlich falsch und müsste ‚41' lauten, da es als unwahrscheinlich erscheint, dass Lina B. über ein Jahr lang als Inhaftierte der Gestapostelle Osnabrück auf ihre Verurteilung warten musste.
Handlung und Zusammenhänge, die die drei Geschichten schildern, sind weitgehend fiktiv, soweit sie über die Angaben der Karteikarten hinausgehen. Der Verfasser hat allerdings einige Informationen aus den folgend aufgeführten Zeitungsartikeln verwendet:
‚Sie henkten die Väter und ließen die Kinder verhungern. Tödliche Liebe zwischen ausländischen Zwangsarbeitern und deren Frauen: Noch heute ein Tabuthema', Neue Osnabrücker Zeitung, 1. 4. 1999;
‚Denkmal für ermordeten Polen. Pläne des Bissendorfer Heimatvereins' sowie
‚Ein dunkles Kapitel der Ortsgeschichte. Manfred Staub hat recherchiert', Neue Osnabrücker Zeitung, 3. 3. 2008.
Außerdem hat der Verfasser Unterlagen über den Fall ausgewertet, auf die er im Niedersächsischen Staatsarchiv Osnabrück stieß. In Nachkriegsaussagen ehemaliger Gestapo-Mitarbeiter findet sich dort die Behauptung,

Frau G. sei in Osnabrück als Hauptschuldige angesehen worden, weil sie den Polen verführt habe. Diese Einschätzung bzw. die zu günstige Beurteilung des Polen sei aber vom Reichssicherheitshauptamt – RSHA – in Berlin gerügt worden. Das RSHA war Entscheidungsinstanz.
Dass der Familienname der Frau anonymisiert erscheint (G.), geschieht aus Personen- und Datenschutzgründen. Der volle Name des Polen ist bereits mehrfach öffentlich genannt worden.

Nachlass

Am Anfang steht ein Theaterstück.

„Herrn Heinrich W., Malbergen

Zu Ihrer Aufführung ‚Bethlehem' offeriere die benötigten Costüme, je nach Ausführung, in der Personenzahl von 18, mit 20 Costümen für einmaligen, leihweisen Gebrauch zu Mk. 40.-, 50.-, 60.- und evtl. höher. Weitere Costüme für Statisten etc. etc. berechne für einmaligen leihweisen Gebrauch mit Mk. 2.-, 2.50, 3.- pro Costüm. Auch bei diesen Costümen ist der Preisunterschied durch die Qualität der Costüme, in Stoffart und Benutzung, bedingt.
Bei direkter Wiederholung, spätestens am nächstfolgenden Sonn- oder Feiertage, gewähre Ihnen 50% Rabatt.
In jeder Preislage bestehen meine Ausstattungen, aus möglichst historisch getreuen, charakteristischen und effektvollen Costümen. Ist es doch mein Bestreben, die verehrlichen Vereine bei ihren Theateraufführungen durch eine wirklich gediegene, zeitgemäße Ausstattung zu unterstützen, und dadurch die Aufführungen auf ein möglichst hohes Niveau zu bringen, gleichzeitig auf Publikum und Darsteller erzieherisch und bildend einzuwirken.
Dass mir dies auch bisher gelungen ist, beweisen die tagtäglich hier eingehenden, vielen Zeugnisse und An-

erkennungen, darunter solche von hohen und höchstgestellten Persönlichkeiten, Schriftstellern, Malern, Kunstkritikern, Autoritäten auf dem Gebiet des Vereinswesens, Präsides, u. v. m. ...“

Der hier sein Geschäft im Telegrammstil anpreisende Briefverfasser ist ein Kostümverleiher aus Mönchengladbach. Gerichtet ist das Schreiben an einen jungen Mann, 25-jährig, der ein kleines bäuerliches Anwesen in Malbergen südlich von Osnabrück besitzt. Der Brief trägt das Datum 10. Dezember 1913.

Es kann wohl davon ausgegangen werden, dass es bei ‚Bethlehem' um ein Krippenspiel geht, das Weihnachten 1913 zur Aufführung kommen sollte. Aber wir kennen nur den Titel des Stücks. Wir erfahren auch nicht, in welcher Funktion sich Heinrich W. an den Kostümverleiher gewandt hat und ob es tatsächlich zur Ausleihe und zur Aufführung gekommen ist. Ein Jahr später jedenfalls ist kein Raum mehr für künstlerische Ambitionen. Es ist Krieg und Heinrich wird Soldat. Theaterspielen – das liegt weit zurück.

Heinrich schreibt sich regelmäßig mit Maria, der Tochter einer Bauernfamilie aus der Nachbarschaft, mit der er verlobt ist und die später seine Frau wird.

„Wie ich ferner aus der Zeitung gelesen habe, soll es da [bei Euch] sehr warm sein und in letzter Zeit auch starke Gewitter, aber die Früchte sollen gut stehen. Auch hier stehen die Früchte gut, soweit nicht alles vernichtet ist, und die Hitze ist nicht so stark, es hat

auch diese Tage etwas geregnet“, heißt es in einem Brief von der Vogesen-Front im Juni 1915.
Auch Maria berichtet regelmäßig vom Wetter und den Ernteaussichten. Aber der Krieg lässt sich nicht ausblenden. „Hoffentlich brauchst [Du] doch wohl nicht gleich zur Front. Denn es geht doch jetzt allerwärts so schlimm dabei. Es sind von hier jetzt die meisten verwundet. Wilhelm F. hat am 7. Juli einen Bauchdeckelschuß bekommen und Anton B. einen Granatsplitter am rechten Oberarm, sind aber beide schon wieder in Deutschland.“ Das schreibt sie im Sommer 1916 an den Verlobten, der gerade in die Gegend von Laon nahe der belgischen Grenze versetzt worden ist. Hier wird er auch zum ersten Mal verwundet. „Meine Krankheit ist nicht so schlimm, ich habe Gasvergiftung gehabt, vielleicht bin ich in 14 Tagen wieder bei der Kompanie und komme dann doch bald in Urlaub“, schreibt er im April 1917. Offenbar hat er wirklich Urlaub bekommen, und die Verlobten haben ihn genutzt. Der Brief vom April ist noch an ‚Fräulein Maria S.‘ adressiert, der nächste erhaltene vom September desselben Jahres bereits an ‚Frau Maria W.‘.
Die Ereignisse in Deutschland beunruhigen den Frontsoldaten. „Wie ich gerade in der Zeitung lese, steht es in Deutschland gerade nicht so berühmt, wenn nur bloß der Streik nicht zu weit um sich greift, unsere Lage ist doch sonst im allgemeinen günstig, aber der Streik und Unruhen verderben wieder alles, das gibt Stimmung beim Engländer und Franzosen und kostet uns soviel mehr Blut“, heißt es in einem Brief von Ende

Januar 1918. „Das Wetter ist immer noch kalt, Nachtfrost und dichter Nebel", erfährt die Frau weiter. Spricht da der Soldat im Schützengraben oder der Bauer, der das Wetter begutachtet?
Es wird wieder Frühling. „Liebe Maria, wie ist das Wetter da und wie stehen die Früchte? Hier wird gesagt, es solle in Deutschland ja trocken und kalt sein, das passt aber nicht für den Maimonat, hier hat es überall genug geregnet und jetzt ist es auch schön warm, der Klee steht hier überall kniehoch, sämtliche Pferde fressen satt Klee, sonst bekommen die Pferde auch nicht viel. Der Klee muss hier auf dem Kreidefelsen besonders gut gedeihen, das ist ein ganz weißer Felsen (Stein), man kann mit einem Taschenmesser die schönsten Figuren daraus schneiden, und wenn das nicht so umständlich wäre, dann könnte ich dir, liebe Maria, ein schönes Andenken schicken", erfahren wir aus dem nächsten Brief von der Front.
In den allerletzten Kriegstagen passiert es dann. Noch am 31. Oktober 1918 schreibt Heinrich, er glaube, dass der Frieden bald komme. „Da Bulgarien, die Türkei und Österreich abgebaut haben, stehen wir doch jetzt ganz allein da, und besser wird es doch nicht mehr für uns, nun lass den Frieden ausfallen wie er will, jedenfalls für uns Schützengrabenproleten kann er nicht schlechter werden." Der Begriff ‚-proleten' lässt aufmerken, Heinrich hat ihn vorher nie gebraucht. Ist auch er inzwischen von den ‚umstürzlerischen Kräften' infiziert worden, die wenige Tage später mit der Revolution den Abbruch des Krieges erzwingen werden? Den

nächsten Brief erhält die Frau vom Kompaniechef, der ihr kurz mitteilt, ihr Mann werde seit dem 4. November vermisst. Als Dokument folgt in der zeitlichen Reihenfolge eine ‚Field Medical Card', ausgestellt am 14. Januar 1919. Sie besagt, dass „W., Heinrich" sich als Kriegsgefangener in einem Lazarett der US-Armee befindet. Auch die Art der Verletzung wird genannt: „Loss r. eye". Als Vizefeldwebel und Invalide, dem das rechte Auge fehlt, kehrt Heinrich schließlich aus dem Krieg zurück.

Was tut ein Bauer, der aus (verlorenem) Krieg und Gefangenschaft heimgekehrt ist? Er bewirtschaftet wieder sein Land, so gut er das kann mit seiner Behinderung. Die Zeiten sind schwierig, und er hat Mühe, die Grundvermögenssteuer und die Beiträge für seine Versicherungen (Leben, Feuer, Gebäude etc.) zu bezahlen. Über Maria, Heinrichs Frau, erfahren wir aus den Dokumenten kaum etwas. Angesprochen ist stets der Mann. Eine kleine Tochter, Anna Maria, stirbt nur einen Monat nach der Geburt. Die anderen Kinder überleben. Insgesamt sieben sind es schließlich, fünf Söhne und zwei Töchter. Die Landwirtschaft wirft offenbar nicht genug ab, um die ständig wachsende Familie zu ernähren. In den Dokumenten tauchen neben der Berufsbezeichnung „Bauer" auch die Bezeichnungen „Hilfsarbeiter" sowie „Hüttenarbeiter" oder „Lagerverwalter" auf. Das lässt darauf schließen, dass Heinrich im benachbarten Klöckner-Werk Georgsmarienhütte zeitweilig eine Beschäftigung gefunden hat. Als Kriegsversehrter erhält er eine kleine Rente, auch Heilbehand-

lung wird ihm auf Antrag zugestanden. Er wird „um Mitteilung gebeten, ob Sie die operative Entfernung des in der Kreuzgegend noch sitzenden Infanterie-Geschosses haben vornehmen lassen. Verneinendenfalls wollen Sie den Grund der Nichtausführung angeben", so ein Schreiben des Versorgungsamts Osnabrück vom April 1937.
Eine weitere Aufforderung erhält er drei Jahre später. „Sie werden ersucht, die unbrauchbar gewordenen Kunstaugen gut verpackt hierher zu senden und dabei anzugeben, ob sie der Form nach gut gepasst haben. Evtl. wird alsdann nach dem Muster ein neues Auge von einem Augenkünstler angefertigt und Ihnen in einigen Tagen übersandt", heißt es in einer Mitteilung vom Dezember 1940. Inzwischen herrscht wieder Krieg. Wozu mag man die Augen zurückgefordert haben? Vielleicht, weil wieder Menschen im Krieg ihr Augenlicht verloren und die Kunstprodukte brauchten? Die Vermutung erscheint nicht allzu abwegig.
Heinrich hat einen Bruder, von dem einige Briefe erhalten sind. Franz war zwei Jahre lang im Ersten Weltkrieg Soldat und ist dann Ordensgeistlicher und Priester geworden. In Sittard bei Aachen und im Missionshaus Handrup bei Lingen erhält er seine Ausbildung, die Primiz feiert er am 17. Juli 1927. „Die Mission für Afrika steht nun einmal fest. Ostern wurde diesbezüglich eine Erklärung von mir verlangt, die ich gegeben habe", schreibt er im selben Jahr. „Fügte aber auch einige ernste Schwierigkeiten bei, weshalb ich mich vorläufig noch nicht freiwillig melden möchte. Doch

kam darauf die Antwort, man sei überzeugt, dass ich für Afrika berufen sei u. wünsche, dass ich dorthin gehe. Da kann ich nicht zurück. Darin muss ich Gottes Willen sehen."

In einem Brief aus Südafrika bittet er im August 1930 um finanzielle Unterstützung für eine drängende Aufgabe: „Hier am Orte der vielen protestantischen Sekten müssen wir eine wirklich gute u. schöne Kirche bauen." Adressat ist die Familie. „Wenn der Herr ja sagt, werdet Ihr sicher nicht nein sagen dürfen u. können." Breiteren Raum nimmt die Frage ein, welchen Berufsweg sein ältester Neffe einschlagen soll, der wie sein Vater Heinrich heißt. „Lieber Bruder, Du fragst, was das Beste sei für Heinrich, wenn er weiter studieren will. [...] Zeigt sich Beruf für Priester und Ordensmann, dann ist's das Beste, möglichst bald in ein Kloster zu gehen. Ist das nicht der Fall, so muss man auf andere Mittel sehen." Wie lange Franz vor Kriegsbeginn in der Mission geblieben ist, bleibt unklar. Eine kurze Mitteilung vom Dezember 1939 trägt die Ortsangabe „München-Innsbruck" und beginnt mit dem Satz: „Im D-Zug nehme ich gerade das nächste Papier und sende Euch einen letzten Deutschen Gruß." Wohin er so kurz nach Kriegsbeginn unterwegs ist, wird nicht gesagt. Sein Neffe Heinrich erwähnt allerdings in einem Brief von 1941, er habe gehört, dass „Onkel Franz getrennt von den anderen in einem Internierungslager" sei. Vermutlich befand es sich in Südafrika, und Onkel Franz hat dort die Kriegszeit verbracht.

Ein letzter erhaltener ausführlicher Brief von ihm ist leider unvollständig und trägt kein Datum. Der (gealterte) Missionar klagt über die weiten Wege, die er zurücklegen muss. „Während einige Herren sich auch für kurze Strecken in ihr feines Auto setzen, habe ich letzte Woche noch fast 100 Kilometer mit meinem Messkoffer auf dem Rücken zu Fuß gemacht." Die Gegend, in der er eingesetzt ist, ist bergig, die Ernte von Mais und Kafferkorn im südafrikanischen Winter vom Nachtfrost bedroht, während im Osnabrücker Land Sommer herrscht. „Große Schwierigkeiten machen kommunistische Bewegungen unter den Schwarzen. Dem entgegenzuarbeiten, fällt mir besonders schwer, weil ich bis jetzt von keinem Missionar Hilfe u. Rat haben konnte. Im nahen Basutoland kennt man diese, Mafela genannten Bewegungen nicht. Ihr Programm ist: ‚Kampf gegen alles Weiße'." Der Hinweis lässt darauf schließen, dass der Brief bereits aus der Nachkriegszeit stammt. Franz stirbt im Alter von 51 Jahren. „Christus, der Hohepriester, rief am Montag, dem 15. Mai 1950, seinen treuen Diener, den hochwürdigen Herrn Pater Franz Vinzenz W. S.C.I., Missionar in Südafrika, plötzlich infolge Herzschlages zu sich ins ewige Leben", heißt es in der Todesanzeige.
Die Bindung der Familie an die katholische Kirche wird durch breit gestreutes Material im Nachlass deutlich. Dazu gehören etwa ein Ordner für Heftchen des ‚Kommunionglöcklein. Wochenschrift für Erstkommunikanten', ein Liederbuch der St. Georgs-Pfadfinder, ein Exemplar von ‚Die Wacht. Zeitschrift katholischer

Jugend', eine ,Katholische Glaubenslehre. Herausgegeben von Dr. Wilhelm Berning, Bischof von Osnabrück', und anderes mehr. Von besonderem zeitgeschichtlichem Interesse dürfte ein längerer Text sein, dessen erste Seite allerdings fehlt. (Dankenswerterweise war das Bischöfliche Archiv in Osnabrück behilflich bei der Suche, sodass durch eine Kopie die Vollständigkeit inzwischen wiederhergestellt worden ist.) Es handelt sich um ein maschinenschriftlich hergestelltes Exemplar der ,Predigt des Bischofs Dr. Wilhelm Berning bei der Männer- und Jungmänner-Wallfahrt nach Rulle am Dreifaltigkeitssonntag 1937'. In dem Text wird mit starken Worten die Verunglimpfungskampagne des NS-Staates gegen die katholische Priesterschaft zurückgewiesen und ein entschlossenes Eintreten für die (katholische) Bekenntnisschule gefordert. „Stehet fest im Glauben. Wir brauchen keine neue Religion in Deutschland. Wir halten fest an der Religion, die der Dreieinige Gott geoffenbart, die Jesus Christus, der eingeborene Gottessohn gelehrt, die die Apostel in der ganzen Welt verkündet, für die die Märtyrer Blut und Leben hingegeben haben, in der unsere Väter gelebt haben, in der wir auch unsere Kinder erzogen wissen wollen", ruft der Bischof den „lieben katholischen Männern und Jungmännern" zu. Aber der Kampf sei schwerer als früher, „da die Feinde der Kirche volle Aktionsfreiheit haben und heutzutage wieder hausieren gehen mit dem alten lügnerischen Pfaffenspiegel des Corvinus, des kommunistischen Judenfreundes.“ „Beifall“ ist vom Herausgeber an dieser Stelle in Klammern hinzugefügt.

Kursierten solche Texte heimlich in den Gemeinden des Bistums? War ein männliches Mitglied der Familie W. in Rulle dabei? Oder der Vater zusammen mit den drei älteren Söhnen? Um sie soll es im Folgenden vorrangig gehen.

Sie haben eine große Zahl an Briefen hinterlassen – Feldpostbriefe zumeist. Von Heinrich, dem ältesten Sohn, sind etwa achtzig, von Josef an die hundert und von Johannes, dem jüngsten der drei, der erst spät in den Krieg geriet, immerhin noch über sechzig erhalten. (Dazu kommen noch Briefe der Eltern an die Söhne, der Geschwister untereinander und von Freunden.)

Wenden wir uns zuerst „Heini“ zu, wie er seine Briefe nach Hause unterschreibt. Ein Foto aus der Kriegszeit zeigt ihn in Uniform, mit dem Eisernen Kreuz und anderen Auszeichnungen auf der Brust. Dabei war er doch dem Rat seines Onkels gefolgt und Priester und Ordensmann geworden. Jahrgang 1918, hat er im März 1937 das Abitur im Missionshaus Sittard abgelegt und danach in Freiburg und Handrup das Studium der Theologie und die Ausbildung zum Ordensgeistlichen absolviert. Im Frühjahr 1940 wird er zum Priester geweiht, danach eingezogen und zunächst in Thorn stationiert. Er kommt zur Artillerie und wird Kanonier. „Was meinen Beruf angeht, macht man mir hier überhaupt keine Schwierigkeiten“, schreibt er im Mai nach Malbergen. Seinem Freund und Mitbruder Karlheinz J., genannt ‚Jocki‘, dessen Briefe er aufbewahrt hat, geht es da anders. „Wenn da z. B. so ein Heini von Uffz. [Unteroffizier] brüllt: ‚Ach, der Klosterbruder dahinten kann auch nicht mit dem A. hoch', dann löst das so ein ganz wohltuendes Gefühl aus, das ich wohl mit ‚... [unleserlich] Komik' bezeichnen möchte. Wenn ich den geistigen Horizont dieser Leute betrachte, dann kommt es mir vor, als wenn ich vor einer Jauchegrube stehe, unter deren Deckel der stinkende ‚Auswurf der Menschheit' noch zu einer nützlichen Verwendung wartet", schreibt dieser im November 1940 aus Schneidemühl an den Freund. Die beiden tauschen sich auch immer wieder darüber aus, was sie über die Situation der Kirche in der Heimat erfahren. „Nun soll ich den Kirchenboten also auch nicht mehr erhalten. [...] Fast alle relig. Zeitschriften erscheinen nach dem 1. Juni auch nicht mehr. Ich hoffe nur auch, dass man von dem Schrifttum anderer Art auch entsprechend viel verschwinden lässt. Man kann nämlich an vielen Stellen noch viel sparen", schreibt Heini im Juni 1941 aus Norwegen, wo er inzwischen eingesetzt ist. Die Kritik am Regime wird nur vorsichtig geäußert. Jocki wird deutlicher. „Als wir vorige Woche abgelöst wurden, hatte ich nach langer Zeit auch das Glück, unserm neuen Divisionspfarrer die hl. Messe zu dienen und zu kommunizieren. Solche Tage sind Glückstage, die man nicht vergisst. Bei dieser Gelegenheit las ich auch eine Predigt des Bischofs von Münster über die Auflösung der Klöster. So ein Wort habe ich lange vermisst. Clemens August hat Courage, sage ich Dir." Als Jocki das

im September 1941 schreibt, steht er bereits an der Front in Russland.
Auch Heini wird nach einer zusätzlichen Ausbildung nach Russland abkommandiert, inzwischen als Geschützführer und Offiziers-Anwärter. Im August 1943 wird er öffentlich belobigt.
„Uffz. W., 12.Art.Rgt., war zu Beginn des Angriffs am 5. 7. 43 als Scherenfernrohr-Uffz. und V.B. eingeteilt. Am 9. 7. und 10. 7. 43 lag die Haupt-B.-Stelle am linken Flügel der Division bei Bhf. Ponyri. Nach starker Artl.-Vorbereitung versuchten die Sowjets immer wieder, mit Panzern und Infanterie durchzustoßen. Besonders eine kleine Mulde, die von der B.-Stelle nicht einzusehen war, zog sie an. W. arbeitete sich so weit vor, bis er die Mulde einsehen konnte, lag hier 48 Stunden im eingesehenen Gelände unter schwerstem Feuer und zerschlug von hier aus auf dem Funkwege – seine Drahtleitung war völlig zerfetzt – mehrere feindliche Bereitstellungen und Angriffe. Uffz. W. ist das Vorbild eines tapferen und schneidigen Soldaten, der sich in kritischen Gefechtslagen durch Kaltblütigkeit und Ruhe auszeichnet und seine Männer mitreißt." So heißt es in der Aufstellung ‚Hervorragende Taten von Soldaten der Division während der Kämpfe im Bogen von Orel', in der Heini an 36. Stelle genannt wird. Das Dokument schickt er an seine Familie.
Der Rückzug im Osten, die Sorge um die Familie, die durch die zunehmenden Bombardements sogar in ihrem Dorf bedroht ist, schlagen sich nieder in den Feldbriefen. Urlaub ist selten, aber Heini kommt auf Lehr-

gänge und wird schließlich zum Offizier (Leutnant) befördert.
Längst sind auch die beiden im Alter folgenden Brüder Soldaten. Josef, Jahrgang 1920, gelernter Tischler, befindet sich offenbar gerade im Wehrdienst, als der Krieg ausbricht. Er scheint vom ersten Tag an als Angehöriger einer Sanitätseinheit dabei gewesen zu sein. Er nimmt am sog. „Westfeldzug“ teil und wird dann in den Osten verlegt. „Russland“ oder „Im Osten“, manchmal auch einfach „Im Felde“ lauten die Absender-Ortsangaben bis 1944. Dann heißt es „Estland“ und schließlich „Lettland“.
Josefs Briefe sind kürzer als die des Bruders und weniger reflektiert, eher aufs Praktische ausgerichtet. Solange er im Westen stationiert ist, besorgt er manches für zu Hause, was dort offenbar inzwischen Mangelware ist. „Zunächst möchte ich fragen, ob meine Päckchen alle gut angekommen sind. Ich habe drei für Euch und eines für Tante Dina geschickt. An Euch zweimal Oberhemden und einmal Schürzenstoff. Dazu kamen zweimal je zwei Paar Handschuhe und einmal zwei Stücke Fensterleder. Ich möchte Euch bitten, mir einmal mitzuteilen, ob Ihr alles gut erhalten habt“, schreibt er im September 1940 aus Frankreich.
Als er später im Osten steht, hören diese Sendungen auf. Jetzt ist er es, der um Zusendungen bittet. „Wenn ich nicht irre, habt Ihr doch sicher noch etwas von dem braunen holländischen Stopfgarn. Da mein bisheriger Bestand zu Ende ist, möchte ich Euch um eine Karte von diesem bitten“ (Januar 1942).

Josef bringt es im Rang bis zum Unteroffizier (Feldwebel). Er wird verwundet und mehrfach ausgezeichnet. Die vielen in kurzen Abständen aufeinander folgenden Briefe lassen erkennen, wie wichtig ihm der Kontakt zur Familie ist. Häufig kommentiert er die Nachrichten aus der Heimat. „Ich war [...] sehr erstaunt, zu hören, dass auch Kaplan Boll eingezogen wurde. Dann wird Pastor alles wohl gar nicht mehr schaffen", heißt es in einem Brief vom September 1943. Die eigene Situation schildert er meist sehr allgemein und eher positiv, sodass die tatsächlichen Verhältnisse nur anklingen. „Ich hoffe, dass es Euch noch gut geht. Bei mir ist das wenigstens noch der Fall. Bis jetzt halten wir ja noch unsere Stellung hier am Wolchow. Wer weiß aber, wo wir in den nächsten Tagen und Wochen Quartier machen werden. Es sind nun mittlerweile 2 Jahre geworden, die wir hier in Russland sind. Heute vor zwei Jahren wurden wir in Siwerskaja ausgeladen. Man erzählte uns dort: ‚In wenigen Tagen wird Leningrad fallen.' Aber bis heute warten wir noch darauf." Stellen, an denen so deutlich Kritik geübt wird wie hier im Oktober 1943, sind eher selten. Das Leiden der Zivilbevölkerung, die Verfolgung und Ermordung der Juden im Osten finden weder bei Josef noch bei Heinrich Erwähnung.

Die Brüder halten untereinander Kontakt. Sie schreiben sich gegenseitig, die Briefe sind erhalten. Oder sie fragen bei den Eltern nach, was sie von den anderen erfahren haben. Seit Oktober 1942 ist auch der 1924 geborene Johannes Soldat. Nach der Grundausbildung wird er „Im Osten“ eingesetzt, wie der Kopf eines Briefes vom März 1943 besagt. Jetzt stehen also drei Brüder an derselben Front. Johannes wird allerdings im April krankheitshalber in ein Lazarett eingeliefert. „Was ich habe, könnt Ihr Euch sicher denken, es ist mal wieder der Magen“, schreibt er nach Hause. Aus einem späteren Brief geht hervor, dass er Typhus hat. Der Lazarett-Aufenthalt zieht sich über Monate hin. Der junge Mann langweilt sich. „Hier im Lazarett erlebt man ja sehr wenig. Man sieht nur sehr wenig deutsche Mädel (D.R.K.Schwestern) und sonst wird man fast ausschließlich von den Russenweibern umgeben. Das soll nun nicht etwa heißen, dass die Geschöpfe hier alle schlecht sind, im Gegenteil, es gibt hier sehr viele nette, anständige, saubere und hübsche Russinnen, jedoch kann man sie mit einem deutschen Mädel nie vergleichen“, teilt er einem unbekannten Adressaten im Mai 1943 mit. Er scheint sich in eine (deutsche!) Krankenschwester mit Namen Irene verliebt zu haben, mit der er sich noch eine Weile lang schreibt. An das Lazarett schließt sich ein Genesungsaufenthalt an, der bis Ende 1943/Anfang 1944 dauert. In der Folgezeit ist er Arbeitskommandos in westdeutschen Städten zugeteilt. „Wir hatten fast eine Woche harten Einsatz in Aachen. Es waren harte und schwere Tage und es gab sehr viel zu tun. Aachen hat fast so schwer gelitten wie Köln.“ Dass sich diese Sätze in einem Brief vom April 1944 auf Bombardements beziehungsweise ihre Folgen beziehen, liegt auf der Hand.

Im Sommer 1944 scheint Aloys, der vierte der Brüder, eingezogen worden zu sein. Aber von ihm sind nur wenige Briefe erhalten. Bernhard, der jüngste, wurde vermutlich noch als Flak-/Luftwaffenhelfer eingesetzt, was sich aber mangels Unterlagen so nicht klären lässt. Einige Briefe von Bernhardine, der älteren der beiden Schwestern, sind aus Ostercappeln nach Hause geschickt worden. Offensichtlich war sie dort im St. Raffaelstift zur Arbeit eingesetzt. „Der Tommy hat uns auch am Samstag besucht, die Strecke Bohmte ist wieder getroffen worden und der Zugführer und Heizer wurden 1 Std. nachher hier schon eingeliefert. Aber sie kommen noch wieder gut durch. Ein Russe ist gestern schon an den Folgen gestorben. Ein Haus in der Nähe von B.s ist auch dem Erdboden gleich. Leider sind da auch 5 Polen bei", schreibt sie an Ostern 1944. Von der Schwester Rosa gibt es nur einen unvollständig erhaltenen Brief. Darin ist ein Besuch in Ostercappeln bei Bernhardine geschildert.
Irgendwann in der zweiten Jahreshälfte 1944 müssen die Brüder noch einmal zur selben Zeit Urlaub gehabt und sich zu Hause getroffen haben. Ein Schwarz-Weiß-Foto ist erhalten. Aufgenommen worden ist es vor dem Dieleneingang des kleinen Bauernhofs. Vorne sitzen die Eltern auf Stühlen. Sie haben sich offensichtlich ‚schöngemacht'. Die Mutter trägt ein dunkles Kleid mit einer Spange oder Brosche am Ausschnitt. Sie lächelt in die Kamera. Aber die fest miteinander verschränkten Hände und die Stellung der Füße verraten die Anspannung oder Verlegenheit. Daneben sitzt im

schwarzen Anzug Heinrich W. Zum Zeitpunkt der Aufnahme müsste er 56 Jahre alt gewesen sein. Er trägt einen (weißen) Oberlippenbart nach der Mode der Kaiserzeit. Auf den Kragenaufschlag des Jacketts ist eine Spange geheftet – eine Ordensspange vielleicht, die auf die Auszeichnungen des Vizefeldwebels im Ersten Weltkrieg verweist? Hinter den Eltern stehen die Kinder. Inzwischen tragen vier der fünf Söhne Uniform. Heini steht vom Betrachter aus gesehen ganz links. Auf seiner Jacke sind ein Ordensband und das Eiserne Kreuz angebracht. Aber er scheint Halbschuhe zu tragen, auf die die Hosenbeine locker fallen, was seinem Aussehen einen eher zivilen Anstrich verleiht. Rechts stehen Josef und Johannes, beide in Stiefeln, und auch Josef trägt seine Auszeichnungen zur Schau. Direkt hinter den Eltern haben sich die beiden Mädchen postiert, den jüngsten Bruder in der Mitte. Er trägt einen Anzug und ist der einzige, der lacht. Bevor der Krieg zu Ende geht, wird auch er in einer Uniform stecken.

„Sehr geehrte Frau W.!
Ich habe die traurige Pflicht, Ihnen mitzuteilen, dass Ihr Sohn, der Feldwebel Josef W., seit 20. 8. 44 Angehöriger der von mir geführten Einheit, am 22. 9. 44 von einem Verwundeten-Transport auf dem Wege Stackeln/Wenden (Lettland) nicht von der Fahrt zurückgekehrt ist. ... Ihr Sohn hatte den Auftrag, Verwundete vom Truppenarzt zum Hauptverbandplatz zu überführen. Auf Grund einer Absetzbewegung wurde Ih-

rem Sohn der Weg zurück abgeschnitten und kam somit sicherlich in Feindeshand. ...“
Diesen Brief erhielt die Familie Ende Oktober 1944. Warum er nur an die Mutter adressiert wurde, bleibt unerfindlich.
„... Ich weiß genau, dass für Sie das Weihnachtsfest ein besonders schwerer Tag sein wird ...
Dabei können wir uns aber das siegreiche Kriegsende als Geschenk annehmen, welches uns im nächsten Jahr sicherlich beschieden sein wird. Dann kehrt auch Ihr Sohn in den Familienkreis zurück“, schreibt der Führer der Einheit in einem zweiten Brief, der unter der Datumsangabe „Kriegsweihnacht 1944“ abgeschickt ist.
Tage später gelangt ein weiterer Brief nach Malbergen, der das Datum 29. Dezember 1944 trägt.

„Sehr verehrte Familie W.!
Bei den Abwehrkämpfen südlich Düren bei Kreusau am 19. 12. 1944 fiel Ihr Sohn, der Gefreite Hans W., in soldatischer Pflichterfüllung, getreu seinem Fahneneide für das Vaterland.
Bei einem Spähtruppunternehmen auf eine vorgelagerte Höhe wurde Ihr Sohn durch ein Infanteriegeschoss getroffen. Er war sofort tot. Durch die sich im Anschluss daran entwickelten Nahkampfgefechte war es nicht möglich gewesen, Ihren Sohn zu bergen.
Ich spreche Ihnen zugleich im Namen seiner Kameraden meine wärmste Anteilnahme aus. Die Kompanie wird ihm stets ein ehrenvolles Andenken bewahren. Möge die Gewissheit, dass Ihr Sohn sein Leben für die

Größe und den Bestand von Volk, Führer und Reich hingegeben hat, Ihnen ein Trost in dem schweren Leid sein, das Sie betroffen hat."
Unterschrieben hat ein Leutnant, der Kompanieführer ist.

Die dritte Nachricht trifft im März bei der Familie ein. Der Brief trägt das Datum 9. März 1945. Diesmal ist er an den Vater gerichtet.

„Sehr geehrter Herr W.!
Ich habe die traurige Pflicht, Ihnen mitzuteilen, dass Ihr Sohn, der Leutnant Heinrich W., am 8. 3. 45. im hiesigen Lazarett an den Folgen seiner im Kampf erlittenen Verwundungen verstorben ist.
Ihr Sohn wurde am 5. 3. 45. mit schweren Granatsplitterverletzungen hier eingeliefert. Leider waren seine Verletzungen so schwer und sein Allgemeinbefinden bereits derart schlecht, dass es trotz aller denkbaren ärztlichen Bemühungen und aufopferndster Pflege nicht gelang, sein Leben zu erhalten. Ihr Sohn ist am 8. 3. 45 um 1.00 Uhr, von Schmerzen völlig frei, ruhig und sanft eingeschlafen. Er wurde heute unter allen militärischen Ehren auf dem Heldenfriedhof in Heiligenbeil (Ostpr.) beigesetzt ..."
Der Schreiber, ein Oberfeldarzt, drückt anschließend sein Beileid aus, bevor er einem letzten Gedanken Ausdruck gibt:
„Möge Ihnen in Ihrem Schmerz der Gedanke Trost bereiten, dass Ihr Sohn sein Leben für den Bestand und

die Zukunft unseres Großdeutschen Vaterlandes und zum Schutze der Frauen und Kinder des ostpreußischen Grenzlandes gelassen hat ...“

Erst Anfang 1948 erfährt die Familie, dass auch Josef gefallen ist. „Bei der Gefangennahme wurde der verwundete Sanitäts-Feldwebel W. durch einen russischen Soldaten durch Kopfschuss getötet. Ich selbst war bei diesem Vorfall zugegen, so dass an dem Tod des W. keinerlei Zweifel besteht“, bezeugt ein Kamerad. „Sein Verlust ist uns um so schmerzlicher, da ihm zwei seiner Brüder im Tode gefolgt sind“, heißt es in einer Todesanzeige, die im Januar 1948 aufgegeben wird. Als Trauernde wird neben der Familie auch die Braut des Verstorbenen genannt.
Die beiden jüngsten Söhne der Familie W., obgleich auch sie noch eingezogen worden sind, überleben den Krieg. Johannes' Ruhestätte im Hürtgenwald ist das einzige der Gräber ihrer Söhne, das die Eltern jemals aufsuchen konnten.
Noch ein besonderer Brief soll hier vorgestellt werden. Er trifft über ein Jahr nach Kriegsende ein und kommt aus den Niederlanden.

„Winterswijk 19-9-'46
Liebe Familie.
Es sind schon wieder etwa zwei Jahre her, dass wir uns verabschiedet haben. Damals lebten wir alle noch unter dem schweren Druck des Krieges, aber glücklicherweise ist das schon wieder vorbei. Wer hatte da-

mals denken können, dass es so lange dauern würde, bevor wir wieder etwas von einander hörten. Liebe Muttie und lieber Vater, so will ich euch heute noch nennen, denn das seid ihr für mich immer gewesen. Wie ist es denn mit euch gegangen, mit Heinie, Josef, Alois, Hannes, Bernhard, Rosa und Berendiene [richtig: Bernhardine]? Ich hoffe, dass sie alle noch gut gesund sind. Mit meiner Frau geht es heute nicht so gut, sie ist gefallen und hat ... [unleserlich].
Liebe Familie, ich hoffe wirklich, dass Gott euch nicht verlassen hat und euch alle gut durch den Krieg geführt hat und euch auch weiter bewachen wird ... Schreibe mal bald zurück. Ja? Sind meine Klamotten auch noch bei euch? Wollt ihr die so lange für mich bewahren? So schnell wie es mir möglich ist, komm ich euch noch mal besuchen, und ich hoffe, dass ich euch denn in guter Gesundheit begrüßen kann.
Viele liebe Grüße von meiner Frau und Kind
Auf Wiederseh´n
Jan“

Mit dem Brief hat es folgende Bewandtnis: Jan R., ein Niederländer, musste zum Arbeitseinsatz nach Deutschland. Er wurde einem Bauunternehmen zugeteilt, das für die Georgsmarienhütte tätig war. In diesem Zusammenhang war er zeitweilig auch am Augustaschacht eingesetzt, dem Standort des von der Gestapo betriebenen Arbeitserziehungslagers Ohrbeck, und konnte die Leiden der Häftlinge beobachten. Jan gelang es, die Einweisung in ein Lager zu vermeiden und

bei der Familie W. Unterkunft zu finden. In welchem Verhältnis er zu der Gastfamilie stand, macht der Brief deutlich genug. Jan hörte ‚Feindsender', gab seine Informationen weiter und wurde denunziert. Mit Hilfe der Familie W. konnte er sich aber rechtzeitig in die Niederlande absetzen, bevor die Gestapo zugriff. Es gelang ihm, sich vor den deutschen Besatzern zu verbergen, bis der Krieg zu Ende war. Im September 1946 meldet er sich jetzt wieder in Malbergen, ohne jede Kenntnis davon, welche Schicksalsschläge inzwischen ‚seine' Familie getroffen hatten.
Später hat Jan die Familie W. noch oft besucht und ist bis heute ein guter Freund geblieben.

Die Dokumente im Nachlass, die aus der unmittelbaren Nachkriegszeit erhalten sind, machen die Situation deutlich, in der sich damals ein (west-)deutscher Landwirt befand. Da gibt es einen ‚Veranlagungsbescheid für die Ablieferung von Schlachtvieh, sowie Zucht- und Nutzvieh', eine ‚Einkaufsgenehmigung für II Schweine', einen ‚Veranlagungsbescheid für die Ablieferung von Speise- und Pflanzkartoffeln aus der Ernte 1947' und ähnliches. Der allgemein herrschende Nahrungsmangel erzwingt die Kontingentierung der bäuerlichen Lebensmittel-Produktion. Bereits 1943 hat die Familie im Rahmen der ‚Erfassung von Quartieren für bombengeschädigte Obdachlose oder vorsorglich umzuquartierende Personen aus dem Gau Weser-Ems' einen Wohnraum ihres Hauses zur Verfügung stellen müs-

sen. Dass die folgende Einquartierung über das Kriegsende hinaus Bestand hatte, ist anzunehmen.
Zum Nachlass gehören auch kleine Taschenkalender, in denen Heinrich W. vermerkt hat, was ihm im bäuerlichen Alltag wichtig erschien (die Zahlung von Rechnungen etwa oder Ereignisse wie „Kuh gekalbt“, „Weizen gesät“, „Kalb verkauft“ und ähnliches). Zu den erhaltenen Kalendern gehören die für die Jahre 1948 und 1949. Unter dem Datum 8. März 1948 findet sich der Eintrag „Jahresseelenamt für Heini“. Im Kalender für 1949 ist „Hl. Messe für die 3 Jungens“ am 24. Februar vermerkt. „Jahresseelenmesse für Johannes“ heißt es am 19. Dezember, „Hl. Messe für [die] 3 Jungens“ am 23. Dezember 1949.
Heinrich W. stirbt am 19. April 1959 im Alter von 71 Jahren. Über den Tod seiner Ehefrau Maria sind keine Unterlagen erhalten.
Die weitere Überlieferung ist spärlich. Immerhin wird deutlich, dass die beiden Töchter und einer der überlebenden Söhne schließlich fortgezogen sind. Der andere übernimmt das Haus und wohnt dort mit Frau und Kindern. Er arbeitet bei der Hüttenbahn, Unterlagen über die Aufgaben eines Lokomotivführers und Fotos, die Lokomotiven der werkseigenen Einrichtung zeigen, haben sich erhalten. Der Nachlass, in mehreren Pappkartons auf dem Boden verstaut, ist Mäusefraß und teilweise auch eindringender Feuchtigkeit ausgesetzt gewesen, was einzelne Dokumente stark beschädigt hat. Irgendjemand muss sich daran gemacht haben, die Marken aus den Briefumschlägen zu

schneiden. Dabei sind leider auch manche der innen liegenden oder eingefalteten Briefe in Mitleidenschaft gezogen worden. Insgesamt hat es den Anschein, als habe der Nachlass nach dem Tod der Eltern nur wenig Beachtung gefunden.
Zuletzt sind noch einige bunte Ansichtskarten zu dem Volumen dazugekommen, darunter eine, die nach dem Datumsstempel im Januar 1990 verschickt worden ist.
„Hallo Ihr!
Schöne Grüße aus Cala Ratjada! Sind gut angekommen. Hotel und Gegend sind sehr schön. Die Bucht von unserem Hotel ist nur 10 Minuten von hier entfernt. Das tut mal wieder so richtig gut zu faulenzen. Vor allem die Sonne tut gut.
Bis bald
Petra und Andreas."
Adressiert ist die Karte an Christel W., vermutlich eine Enkelin von Maria und Heinrich W., dem Kleinbauern aus Malbergen, der Weihnachten 1913 ein Krippenspiel aufführen wollte.

Dem Verfasser wurde der Nachlass, den der Text vorzustellen versucht, vor Jahren von einer älteren Frau angeboten, die „den alten Kram loswerden" wollte. Er lagerte in mehreren Pappkartons auf dem Dachboden eines bäuerlichen Anwesens und war bereits durch Umwelteinflüsse beschädigt. Eine erste Durchsicht des Materials zeigte dessen Umfang und Bedeutung insofern, als es das Leben einer ländlichen deutschen Familie in der ersten Hälfte des vergangenen Jahrhunderts exemplarisch vor Augen stellt.
Die frühere Besitzerin ist inzwischen verstorben.

Alex

Das Erste, was ihm ins Auge fiel, war das Bild. Es hing in einer Ecke des Raumes, gleich links, wenn man hereinkam. Eigentlich war die Ecke zu dunkel, um ein Bild dort aufzuhängen. Aber es schien seine eigene Helligkeit auszustrahlen, sodass man ohne Weiteres erkennen konnte, was es darstellte. Vielleicht wollen sie ja auch vermeiden, dass die Farben ausbleichen, dachte er. Aber ob das wirklich bei einem Bild passieren kann, wusste er nicht genau. Dafür kannte er sich zu wenig in der Malerei aus. Er hätte auch nicht sagen können, ob das Bild mit Wasser- oder Ölfarben gemalt war. Aber Ölfarben waren wohl eher unwahrscheinlich. Woher hätte der Maler sie denn haben sollen?
„So groß hätte ich es mir gar nicht vorgestellt", sagte er zu seinem Gastgeber. „Das ist ja ein richtiges Gemälde."
Der andere zuckte die Achseln. „Ich habe Ihnen ja schon am Telefon gesagt, dass ich es nicht vorbeibringen kann – dass Sie selbst kommen müssen, wenn Sie es sehen wollen. Aber bitte, Sie können ruhig nähertreten und es sich anschauen."
Am späten Vormittag war der Anruf gekommen, es war noch keine Stunde her. Er hatte gerade wieder an der Dokumentation gesessen. „Sind Sie derjenige, der über die Zwangsarbeiter forscht?", hatte jemand gefragt. „Ich habe darüber in der Zeitung gelesen", fuhr der andere fort, nachdem er bejaht hatte. „Ich wollte

Ihnen nur sagen, dass ich zu Hause ein Bild habe, das einer von ihnen gemalt hat. Das Beste wäre es, wenn Sie gelegentlich mal vorbeikommen, falls es Sie interessiert."

Ein Bild, von einem Zwangsarbeiter gemalt, womöglich in einem der zahlreichen Lager, die es in der Stadt und in ihrem Umkreis gegeben hatte? In denen Hunger, Krankheiten und die Brutalität der Wachleute herrschten? Das hatte ihn elektrisiert.

„Ja, ich komme selbstverständlich gern", hatte er geantwortet. „Wenn es Ihnen recht ist, gleich nachher. Wo wohnen Sie denn?" Er hatte schon einige Male die leidvolle Erfahrung gemacht, dass ihm jemand eine wichtige Information zukommen lassen wollte, es sich schließlich aber wieder anders überlegte, weil er nicht gleich darauf angesprungen war. Den Fehler wollte er diesmal nicht machen.

Der andere nannte eine Adresse im benachbarten Stadtteil und erklärte sich bereit, ihn zu empfangen. „Ich bin ja jetzt im Ruhestand und sowieso zu Hause." Da hatte er sich gleich auf den Weg gemacht.

Das Bild steckte in einem schlichten braunen Holzrahmen, der einen Umfang von vielleicht 60 x 80 cm hatte. Es stellte eine See- oder Flusslandschaft vor einem Hochgebirge dar. Im Vordergrund war ein breites Gewässer zu erkennen, das im Schatten lag und sich nach hinten in der Landschaft verlor. Auf einem der Ufer erkannte man die Häuser und Türme einer Stadt, das andere war mit Büschen und Bäumen bestanden. Im Hintergrund ragten schneebedeckte Gipfel auf. Die

Zinnen und Grate leuchteten in der Sonne, und der Himmel darüber war von einem lichten Blau. Vielleicht kam ja daher die Strahlkraft, die ihm gleich beim ersten Anblick aufgefallen war. Es war jedenfalls ein Bild von der Art, dass man sich als Betrachter förmlich darin ergehen konnte.

„Schön, nicht? Und wenn man bedenkt, dass er noch nie so ein Gebirge gesehen hatte, da, wo er herkam ...“

Die Stimme des Gastgebers holte ihn wieder zurück. Er wandte sich ihm zu. „Wer war denn nun dieser Maler? Und wie sind Sie an das Bild gekommen?“ Das kann doch eigentlich gar nicht sein, dass das aus einem Lager stammt, dachte er. Da muss ein Irrtum vorliegen. Das ist doch ein Bild aus irgendeinem Atelier und nicht aus einer Baracke, in der Zwangsarbeiter hausten.

Der andere musste ihm seine Zweifel angemerkt haben. „Ich will Ihnen noch etwas zeigen“, sagte er. „Aber dazu müssen Sie ganz nahe an das Bild herantreten. Schauen Sie mal, was da unten rechts in der Ecke steht!“

Er folgte der Aufforderung. Jetzt erst erkannte er, dass das, was er zunächst für die Darstellung einer Welle gehalten hatte, in Wirklichkeit Schrift war, die sich kaum von dem dunklen Untergrund abhob. Inzwischen hatte der Gastgeber das Licht angemacht, und er konnte den Text entziffern. Er bestand aus mehreren Wörtern, die zwei Zeilen bildeten. „Gewidmet für die gute Behandlung“, stand in der ersten, „30. V. 44 Ostarb.lg.“ in der zweiten, gefolgt von dem Namen eines Nachbarortes, der an der Hauptbahnlinie lag.

Von dort führte, das wusste er, eine Nebenlinie zum Hüttenwerk an dem Lager vorbei, über das er seit Jahren forschte.
„Setzen wir uns doch!“, sagte der andere. „Wollen Sie etwas trinken? Dann kann ich Ihnen in Ruhe die ganze Geschichte erzählen.“
Es war eine lange Geschichte, wie sich herausstellte, und sie wurde in allen Einzelheiten erzählt von jemandem, der offenbar froh war, einen Zuhörer gefunden zu haben.
Der Vater des Erzählers hatte bei der Reichsbahn gearbeitet und war während des Krieges Vorsteher eines Bahnhofs ganz in der Nähe gewesen. Dort waren auch Zwangsarbeiter eingesetzt. Ein junger Mann fiel ihm auf, der aus der Ukraine stammte und gut Deutsch sprach. Er verpflichtete ihn als Dolmetscher, und auch menschlich kamen sich die beiden näher. Der Bahninspektor nahm Alexander oder Alex, wie der junge Mann meist genannt wurde, sogar mit nach Hause, sodass dieser Anschluss an die Familie fand. Er erkannte bei seinem Schützling auch das Talent zum Malen und förderte es. Das führte zur Entstehung des Bildes. Bei Kriegsende fand Alex Unterschlupf im Haus seines Förderers und entging dadurch der Abschiebung zurück in die Heimat. Später ermöglichte ihm der Bahninspektor sogar den Besuch einer Kunstakademie. „Alex hat sich dann auf die Glasmalerei und Kirchenfenster spezialisiert“, sagte der Erzähler. „Zunächst war er durchaus erfolgreich damit. Einige seiner Werke können Sie noch in den Orten ringsum finden.“ Aber dann

habe Alex mit dem Trinken angefangen, seine Ehe sei zerbrochen, und er selbst habe ihn inzwischen aus den Augen verloren. Wo er jetzt lebe, wisse er nicht – „da müssen Sie sich schon selber erkundigen."

Bei der Nennung des Namens Alex hatte sein Zuhörer aufgehorcht. Von da an folgte er der Erzählung mit größter Aufmerksamkeit. Den Namen kannte er nur zu gut. Alex hatte ein Aufseher in dem Sonderlager geheißen, über das er seit Langem forschte. ‚Arbeitserziehungslager' hieß es offiziell, denn „da kamen die Ausländer hin, die nicht arbeiten wollten", wie es einmal ein deutscher Zeitzeuge mit kaum verhohlener Häme ausgedrückt hatte, als er ihn befragte. Ein Straflager zur Disziplinierung auffällig gewordener ‚Fremdarbeiter', betrieben vom Hüttenwerk und der Gestapo, die es von ukrainischen Hilfspolizisten bewachen ließ. Und deren Leiter war Alex gewesen.

Alex war ein Sadist und ein Mörder. Daran ließen die Aussagen der Überlebenden keinen Zweifel. Er errichtete in dem Lager ein Gewaltregime. Einige seiner schlimmsten Taten waren unter Einsatz von Wasser geschehen. Das hatte ihm den Beinamen ‚Wassermörder' eingetragen. Die Gestapo ließ ihn gewähren, weil er Furcht und Schrecken verbreitete, was der Zielsetzung des Lagers entsprach.

Bei Kriegsende verschwand Alex – spurlos, wie es schien. Nicht einmal sein voller Name war bekannt, jedenfalls nicht mit Sicherheit. So blieb es beim Vornamen, wenn von ihm die Rede war. Er selbst hatte seinerzeit Anzeige gegen den Ukrainer erstattet, um

Staatsanwaltschaft und Polizei zu veranlassen, auch nach über 50 Jahren die Suche aufzunehmen. Aber sie war ergebnislos geblieben und schließlich eingestellt worden. Mit dem Hinweis darauf wollte auch er das ‚Alex'-Kapitel in seiner Dokumentation beschließen.
Tat sich jetzt etwa eine neue Spur auf? Konnte es sein, dass der Mörder im Lager und der bei der Bahn eingesetzte junge Zwangsarbeiter, der später Kunstmaler wurde, identisch waren? Er dachte an das Datum auf dem Bild. Danach war es im Juni 1944 in einem Lager für ‚Ostarbeiter' gemalt worden. Das würde passen. Alex tauchte erst im Spätsommer dieses Jahres im Gestapolager auf. Die Häftlinge, die vorher dort gewesen waren, kannten ihn nicht.
„Haben Sie vielleicht auch ein Foto von Alex?", fragte er den Gastgeber, nachdem dieser seine Ausführungen beendet hatte.
„Ich denke ja", sagte der Mann. „Geben Sie mir einen Moment Zeit."
Er ging hinaus und kam bald wieder, mit einem Foto in der Hand. Es zeigte drei Personen, die auf einer Bank saßen – zwei junge Männer, die ein Mädchen zwischen sich hatten. „Das ist Alex", sagte sein Gastgeber und zeigte auf einen der jungen Männer. „Der andere bin ich. Das Bild muss kurz nach dem Kriege entstanden sein."
Er durfte das Foto mitnehmen, als er ging. Er steckte es ein, bedankte sich für die Informationen und machte sich wieder auf den Weg. Er fuhr aber nicht nach Hause, sondern in die Stadt, wo er eine Fotostelle auf-

suchte. Dort gab er Abzüge des Bildes in Auftrag und wartete, bis er sie mitnehmen konnte. Wer weiß, wozu ich sie brauchen kann, dachte er. Dann fuhr er zurück.
Zu Hause machte er sich etwas zu essen. Dann räumte er die Küche auf, was nicht lange dauerte, da er zurzeit allein war. Schließlich setzte er sich an den PC, um weiterzuarbeiten. Die Dokumentation war jetzt fast abgeschlossen, und er hoffte, sie spätestens im kommenden Frühjahr veröffentlichen zu können. Es sei denn, es ergäben sich noch ganz neue Zusammenhänge, die er natürlich zu berücksichtigen hätte.
Später machte er einen Anruf. „Ich habe heute ein Foto erhalten, auf dem vielleicht Alex zu sehen ist. Soll ich Ihnen einen Abzug schicken?" Er hatte einen der niederländischen ‚Ehemaligen' am Apparat, einen Mann, auf den er bei seinen Forschungen gestoßen war und der zu seinen wichtigsten Informationsgebern gehörte, auch weil er fließend Deutsch sprach. Er wandte sich regelmäßig an ihn, wenn er Fragen zum Lager hatte.
„Alex? Wie ist denn das möglich? Ja, schicken Sie es nur gleich. Dieser Schweinehund! Wenn ich nur an den denke, Mann, Mann, Mann ..." Das heftige Atmen des anderen war nicht zu überhören. Der Niederländer hatte im Lager schwer gelitten.
Er versprach, das Bild noch am selben Tag abzuschicken, und beendete das Gespräch mit einigen beruhigenden Bemerkungen. Als er auflegte, bereute er fast schon, angerufen zu haben. Wahrscheinlich hatte er seinen Gesprächspartner ganz unnötig aufgeregt,

schließlich handelte es sich bei dem Namen um einen, der unter Russen und Ukrainern durchaus gebräuchlich war, nach allem, was er wusste. Vermutlich hatte es vor Ort und in der Umgebung weitere Personen gegeben, die diesen Namen trugen.
Aber trotzdem! Er suchte seine Unterlagen hervor und las noch einmal nach, was die ehemaligen Häftlinge über Alex ausgesagt hatten. Die Berichte über seine Grausamkeiten überflog er nur, sie hatten sich sowieso seinem Gedächtnis eingeprägt. Von Alkoholexzessen unter der Wachmannschaft war die Rede, und davon, dass Alex sich an den Utensilien der Häftlinge, die man ihnen abgenommen hatte, bereichert habe. Aber das waren schwache oder untaugliche Kriterien, um eine Identität der beiden Personen wahrscheinlich zu machen. Mehr interessierten ihn die Beschreibungen, die er von Alex erhalten hatte. Aber sie waren nur spärlich. Körperlich robust soll er gewesen sein, untersetzt, stämmig und vor allem stark. Dass die Häftlinge den Schläger so in Erinnerung hatten, erschien allerdings kaum überraschend. Er schaute sich das Foto an, das vor ihm lag. Untersetzt, stämmig – das könnte hinkommen. Es gab eine weitere Übereinstimmung. Der Alex im Lager soll um die Mitte 20 gewesen sein, Alex auf dem Bild entsprach in etwa diesem Alter, soweit sich das erkennen ließ.
Dann stieß er auf einen Hinweis, den er früher kaum beachtet hatte. Alex habe „so komische Augen“ gehabt, hatte einer der ‚Ehemaligen‘ ausgesagt. Andere äußerten sich ähnlich, jemand nannte den Blick sogar

„wahnsinnig". Er ging ans Telefon und rief den Mann an, dem er vor einigen Stunden gegenübergesessen hatte. „Ob Alex etwas mit den Augen hatte? Ja, er hatte eine Augenkrankheit, was ihm beim Malen natürlich Schwierigkeiten machte. Er war in einer berühmten Augenklinik, um sich behandeln zu lassen, ich weiß aber nicht mehr, wie die hieß. Komisch, dass Sie danach fragen." Er versicherte dem anderen, dass er sich nur noch einmal habe vergewissern wollen, für seine Aufzeichnungen. Dann beendete er das Gespräch mit einem etwas schlechten Gewissen wegen seiner Unaufrichtigkeit.

Es war schon ein merkwürdiges Zusammentreffen! Er suchte das Telefonbuch heraus und schlug nach, ob Alex' Familienname aufgeführt sei, den der alte Mann ihm genannt hatte. Der Name erschien nur einmal, jedoch verbunden mit dem Vornamen einer Frau.

Er wählte die Nummer. Aber niemand nahm ab, und es gab auch keinen Anrufbeantworter. Er versuchte es den Abend über noch mehrmals, jedoch ohne Erfolg. Schließlich ließ er es bleiben und nahm sich vor, am nächsten Tag einen neuen Versuch zu unternehmen. Er ging wieder an seinen PC und arbeitete bis weit in die Nacht.

Hier war das Licht zum Selbstzweck geworden. Auf dem Gemälde hatte der Einsatz von dunklen und hellen Farben noch dazu gedient, eine Landschaft plastisch erscheinen zu lassen. Die Fenster dagegen zeigten nichts Gegenständliches. Ein Rahmenwerk aus Beton fasste das Glas ein, das vom Licht der tief stehenden Sonne zum Leuchten gebracht wurde. Die Farben Rot und Blau dominierten. Das Rot war von einer solchen Intensität, dass es in den Augen zu brennen schien, wenn man zu lange hineinschaute. Das Blau schien unergründlich, fast schon ans Schwarze grenzend. Es erlaubte den Augen, sich vom Rot auszuruhen, gewissermaßen.

Die Fenster warfen farbige Muster auf den Boden der Kirche, die am Rand einer Siedlung lag. Er hatte den schönen Vormittag genutzt, um einen Spaziergang dorthin zu machen. Nun stand er drinnen und sah sich die Fenster an: Die Rosette über dem Altar und die Buntglasfenster der Seitenkapelle, von denen er wusste, dass Alex sie geschaffen hatte. Das Werk des Künstlers, das aus den Sechzigerjahren stammte, wurde als „freie Komposition in Betonglas" bezeichnet. Die Formulierung fand er so in dem Heftchen, das zur Information über die Geschichte der Kirche ausgelegt war.

Inbrünstig – vielleicht war das das Wort, das auf die Fenster, die Farben passte. Aber konnte ein Künstler, der ein solches Werk schuf, ein Totschläger und Mörder sein? Einer, der Häftlingen einen Schlauch in den Anus steckte und dann das Wasser aufdrehte, bis es aus Nase und Mund hervorschoss und das Opfer qualvoll starb? Oder gerade darum? Ein Mörder, der seine Taten bereut, wendet sich der Kirche zu, um Vergebung zu finden – war das die Erklärung? Dieses unbeschreibliche Rot – war das vielleicht ein Abbild des Abgründigen in ihm, der inneren Hölle, die er zu bezwingen versuchte, indem er sie darstellte? Und das Blau – stand es für das Göttliche, den Wunsch nach Erlösung? Jetzt versteig' dich bloß nicht, ermahnte er sich selbst. Du hast wohl zu viele schlechte Bücher gelesen! Lass es jetzt gut sein, hör auf mit den neuen Nachforschungen und konzentriere dich auf das Material, das du bisher gesammelt hast. Deine Arbeit ist abgeschlossen! Doch am Nachmittag fuhr er wieder in die Stadt, um das Archiv aufzusuchen und noch einmal die Dokumente durchzugehen, in denen es Hinweise auf Alex gab. Er fand aber nichts, was neu für ihn gewesen wäre. Dann schloss das Archiv, er kehrte nach Hause zurück. Vorher hatte er noch den Auftrag gegeben, ihm für den nächsten Tag einen Aktenvorgang herauszusuchen, der sich auf Nachkriegsermittlungen gegen frühere Angehörige der hiesigen Gestapostelle bezog. Zu Hause versuchte er wieder, die Frau mit dem Namen des Kunstmalers zu erreichen, aber ohne Erfolg.

Am nächsten Morgen fuhr er schon früh zum Archiv und nahm sich die Akten vor, die er am Vortag bestellt hatte. Als er schon nicht mehr damit rechnete, wurde er schließlich doch fündig.
Es war nur ein kleiner maschinenschriftlicher Vermerk auf einem Blatt Durchschlagpapier, wie man es früher gebrauchte, um Kopien herzustellen. Die blauen Buchstaben waren so verwischt und undeutlich, dass er seine Lupe herausholen musste, um den Eintrag zu entziffern.

Es ging um Ermittlungen gegen den Gestapo-Beamten H., der zuständig war für das ‚Arbeitserziehungslager'. Sein Rechtsvertreter führte auf dem Schriftstück Personen auf, die als Entlastungszeugen vorgeladen werden sollten. Unter den Namen befand sich auch der des Bahninspektors, mit dessen Sohn er vor zwei Tagen gesprochen hatte. Gleich danach waren Name und Beruf des Kunstmalers aufgeführt, wobei darauf hingewiesen wurde, dass er selbst Lagerinsasse gewesen sei. „Die beiden Zeugen werden bekunden können, wie H. sich gegenüber den Ausländern verhalten und sich gerade besonders für die allgemeinen Belange dieser Ausländer eingesetzt hat", hieß es abschließend. Die Zeugenaussagen selbst waren trotz intensiven Suchens, mit dem er den restlichen Vormittag verbrachte, nicht aufzufinden, was er schon befürchtet hatte. Denn im Findbuch war vermerkt, dass „die Überlieferung lückenhaft" sei – ein Hinweis, der sich leider oft bei Akten-Vorgängen aus der NS-Zeit fand.
Er ging zu einem der Mitarbeiter, den er gut kannte, und erzählte ihm von seiner Suche und dem Fund.
„Man könnte sich das ja so zusammenreimen", sagte er. „Also, der Inspektor auf seinem Bahnhof lernt Alex kennen und setzt ihn als Dolmetscher ein. Er hat auch Kontakt zur Gestapo, die ja schließlich ganz in der Nähe ihr Lager betreibt. Er erzählt H. von dem brauchbaren jungen Ausländer. H., der gerade nach einem Dolmetscher sucht, übernimmt ihn. So kommt Alex ins Lager und wird der ‚Wassermörder', als der er bekannt geworden ist. Dass ihn der Inspektor bei Kriegsende

versteckt hat, lässt sich auch nachvollziehen. Er mag sich ja für ihn doch irgendwie verantwortlich gefühlt haben. Aber warum behält er ihn da, kümmert sich um seine Ausbildung und bezahlt sie sogar, denn woher sonst soll dieser Alex das Geld dafür gehabt haben? Das verstehe ich nicht. Der Inspektor hatte doch selbst Familie. Aber vielleicht war er ja ein sehr selbstloser Mensch."

„Davon würde ich erst mal nicht ausgehen", warf der Freund ein, der bisher geschwiegen hatte. „Du hast doch erzählt, dass Alex die Häftlinge auch beraubt haben soll. Könnte da nicht die Erklärung liegen? Um die Dinge zu verschieben, die Alex den Häftlingen abgenommen hat, nutzt der Bahninspektor seine Möglichkeiten. Er transportiert sie und findet einen Markt für Kleidungsstücke, Uhren und goldene Ringe. Den Gewinn teilt er mit Alex oder hebt ihn für ihn auf. Das ist dann das Geld, mit dem das Studium an der Kunstakademie bezahlt wird. Und nicht zu vergessen die Augenklinik. H. war der Dritte im Bunde, denn warum sollte er sie sonst als Entlastungszeugen benannt haben? Er konnte schließlich davon ausgehen, dass sie für ihn eintreten würden. Schließlich waren sie seine Komplizen von früher. Es geht um Korruption. Was hältst du von dieser Erklärung?"

„Ja, das könnte natürlich zutreffen. Aber ich weiß nicht recht. Das klingt mir noch alles zu hergeholt. Schade jedenfalls, dass wir H. nicht mehr befragen können." Sie wussten beide, dass der Gestapomann seit Langem tot war. „Wenn ich nur endlich die Frau

erreichen könnte. Vielleicht ist sie ja die geschiedene Frau des Malers. Wenn jemand etwas über seine Vergangenheit weiß, dann jedenfalls sie!"
„Halte mich auf dem Laufenden", sagte der Freund. „Und überleg' dir vielleicht doch mal, ob du nicht langsam die Staatsanwaltschaft informieren solltest. Möglicherweise ist es ja wirklich eine neue Spur, auf die du gestoßen bist." Der Freund wusste von der früheren Anzeige.
Als er nach Hause kam, hatte in der Zwischenzeit sein niederländischer Gewährsmann angerufen und bat auf dem Anrufbeantworter um Rückmeldung, einer Bitte, der er gleich nachkam.
„Ich bin mir fast sicher, dass der Mann auf der Bank Alex ist", sagte der Niederländer. Seiner Stimme war die Aufregung anzuhören. „Wir wagten es damals zwar kaum, ihn anzusehen. Aber manchmal zwang er uns dazu. Einmal hatte er wieder jemanden umgebracht, wobei wir zuschauen mussten. Und dann trat er vor uns hin und sagte, wir sollten ihm in die Augen sehen. Und wehe, wenn er einen Blick von Ekel oder Emotion bei dir wahrnahm. Dann konntest du wohl dein Testament machen. Wenn ich bloß seine Augen sehen könnte! Dann wüsste ich gleich, ob es Alex ist. Lebt der Mann auf dem Bild denn noch?"
„Ich nehme es an, ja", sagte er. „Aber ich habe ihn bisher nicht gefunden."
„Wenn Sie ihn finden, dann sagen Sie Bescheid", sagte der Niederländer. „Auch wenn ich nicht mehr so gut

reisen kann: Ich komme sofort, um ihn mir anzusehen. Und wenn es meine letzte Reise wäre!“
Jetzt ist also einer im Spiel, der es unbedingt wissen will, dachte er, als er den Hörer wieder auflegte. Später telefonierte er noch mit seiner Frau und den Kindern, die bei seinen Schwiegereltern Ferien machten. Er sagte aber nichts darüber, womit er die letzten beiden Tage beschäftigt gewesen war. Er hatte ein schlechtes Gewissen.

Am nächsten Tag gelang es ihm endlich, den Kontakt zu der Frau herzustellen, die den Namen des Kunstmalers trug. Sie sei verreist gewesen, sagte sie am Telefon, nachdem er sich vorgestellt und dabei auch erwähnt hatte, dass er schon seit Tagen versuche, sie zu erreichen. „Um was geht es denn?“ Er fragte, ob sie vielleicht mit dem Maler verheiratet gewesen sei. „Ja. Warum wollen Sie das wissen?“ „Ich bin auf seinen Namen in Unterlagen aus der Kriegszeit gestoßen“, sagte er. „Ich forsche über Zwangsarbeit und hätte da einige Fragen.“ „Das musste ja mal kommen“, war die spontane Reaktion.
Was sie damit meinte, blieb allerdings unklar. In dem folgenden kurzen Gespräch gab sie lediglich an, ihr Mann habe über seine Vergangenheit nicht sprechen wollen und sei überhaupt „sehr schwierig“ gewesen. Sein Trinken habe schließlich die Scheidung unumgänglich gemacht. Soweit sie wisse, sei er inzwischen sehr krank und lebe in einer sozialen Einrichtung. Sie

gab ihm auch die Adresse. Damit endete das kurze Gespräch.
Was fing er jetzt damit an? Er versuchte, Bilanz zu ziehen.
Da war diese Frau, die er überhaupt nicht kannte, aber die er mit seinem Anruf ganz offensichtlich beunruhigt hatte. Ein alter Mann lag krank in einem Wohnheim, und er überlegte Mittel und Wege, um an ihn heranzukommen und ihn zu fragen, ob er der ‚Wassermörder' sei. Aber da war auch der Niederländer, der alles dafür tun würde, dass man seinen Peiniger endlich der Gerechtigkeit zuführte. Und er war nicht allein. Es lebten sicher noch einige Dutzend ‚Ehemalige' oder mehr, die unter Alex gelitten hatten und Genugtuung verlangten, mochte sie auch noch so spät kommen.
Vielleicht war ja die Empfehlung des Freundes ein Ausweg. Er würde einfach die Sache an die Staatsanwaltschaft abgeben. Sollte die sich darum kümmern! Er nahm sich vor, bald einen Brief an die Staatsanwaltschaft zu verfassen.

Am folgenden Tag fuhr er zum ehemaligen Lager. Der Tag war kühl und windig, und er hatte Mühe, mit dem Rad voranzukommen. Das Gebäude stand noch, in dem das Lager untergebracht gewesen war. Er ging zum Haltepunkt an der Bahnlinie hinauf, über die die Häftlinge zur Arbeit transportiert worden waren. Unter sich sah er den früheren Appellplatz liegen. Überall hier waren Häftlinge gequält und gedemütigt, gefoltert und ermordet worden. Etwa hundert Lagertote

hatte er bisher nachweisen können, wahrscheinlich waren es mehr. Für die, die den Ort überlebt hatten, trug der Schrecken vor allem einen Namen: Alex. Wenn die Toten reden könnten, dann würden sie Sühne fordern, dachte er. Er war kein religiöser Mensch, jedenfalls nicht in kirchlichem Sinne. Aber der Ort hier hatte eine besondere Atmosphäre. Manchmal glaubte er zu spüren, dass die Toten noch da waren und etwas von ihm wollten. Er ging noch einmal um das große graue Gebäude herum. Dann fuhr er wieder zurück.
Später verfasste er den Brief an die Staatsanwaltschaft. Er schilderte seine Entdeckungen der letzten Tage und bat darum, zu überprüfen, ob eine Wiederaufnahme der Suche nach Alex angebracht sei. Gegen Abend fuhr er in die Stadt und steckte das Schreiben in den Postkasten am Gericht. Er wollte sichergehen, dass es auch ankäme und möglichst bald bearbeitet würde.
Über zwei Wochen wartete er auf Antwort. Es kam aber keine. In der Zwischenzeit hatten die Ferien geendet, und die Familie war zurückgekehrt. In der Schule gab es viel zu tun, sodass er nur wenig Zeit fand, um weiter an der Dokumentation zu arbeiten. Er hatte es leider nicht geschafft, sie in den Ferien abzuschließen, was sicher auch daran lag, dass er den neuen Spuren nachgegangen war. Als er seiner Frau davon erzählte, riet sie ihm dringend von weiteren Erkundungen ab, wofür er durchaus Verständnis hatte. Über seinen Forschungen war manchmal die Familie zu kurz gekommen. Dessen war er sich durchaus bewusst.

Doch das Schweigen der Behörde ließ ihn nicht zur Ruhe kommen. Schließlich rief er bei der Staatsanwaltschaft an. Er musste sich durchfragen und mehrfach sein Anliegen schildern, ehe er den zuständigen Sachbearbeiter erreichte. „Wir haben Ihren Brief erhalten", sagte dieser, „und werden uns selbstverständlich mit der Angelegenheit beschäftigen. Aber mit welchem Ergebnis, kann ich natürlich nicht voraussagen. Sollte es zu neuen Ermittlungen in der Sache kommen, werden wir Sie benachrichtigen."
Wollten sie den Fall vielleicht hinauszögern, bis es eine ‚biologische Lösung' gab, wie man das mitunter ausdrückte? Bis er sich von selbst erledigte? „Aber eines möchte ich doch schon mal klarstellen: Wir sind die ermittelnde Behörde." Das hatte der Staatsanwalt noch abschließend gesagt, wobei er das ‚wir' betonte. „Aber die Sache eilt doch. Schließlich ist der Mann, um den es geht, alt und krank, nach allem, was ich gehört habe", hatte er erwidert. „Dessen sind wir uns durchaus bewusst", lautete die kühle Antwort.
Was sollte er tun? Weiter warten oder selbst ermitteln, was in diesem Fall bedeuten würde, zu dem Wohnheim zu fahren und zu versuchen, an den Kranken heranzukommen? Das wäre sicher mit großen Problemen verbunden, ganz zu schweigen von der Verantwortung, die er damit übernähme. Er sprach über seine Zweifel mit seiner Frau und dem Freund. Sie warnten ihn davor, etwas auf eigene Faust zu unternehmen. Währenddessen kamen in immer kürzeren Abständen

Anrufe des Niederländers mit der Frage, was es Neues über Alex gebe und ob er kommen solle.
Die Zweifel nahmen ein plötzliches Ende. Eines Morgens überflog er die Todesanzeigen in der lokalen Zeitung. Da stand in großen Buchstaben der Name, der ihn seit Wochen verfolgte.
Die Anzeige war mit ungewöhnlich viel Text versehen.

„Bei mir wohnt der Traum
Aus rotgelben Blättern,
Die der Wind trägt
In den großen Raum
Mit blauen Blumen
Neben mir“

las er die Eingangsverse.
Dann folgten der Name und die Lebensdaten. Anschließend kam ein längerer Text, der wieder versartig angeordnet war.

„Im letzten Krieg haben wir ihn
Als Zwangsarbeiter
Aus seiner Heimat verschleppt
Und ihm in demokratischer Zeit
Eine neue Heimat gegeben.

Er ist durch seine lichten Aquarelle,
Seine Ölbilder rauschender Blumenmeere
Und durch seine unvergleichlichen
Kirchenfenster bekannt geworden.“

„Am ... [Datum] hat er die Reise in die Welt
Seiner Träume angetreten."

Es folgten der Hinweis auf Ort und Termin der Bestattung. Unterzeichnet war die Anzeige mit einem Namen, den er nicht kannte.

Er ließ die Zeitung sinken.
Die Suche war vorbei.

Die Erzählung beruht auf Recherchen, die der Verfasser im Zuge seiner Forschungen zum Arbeitserziehungslager Ohrbeck vorgenommen hat. Die Misshandlungen der Häftlinge haben in der beschriebenen Form tatsächlich stattgefunden. Die Handlung selbst ist fiktiv.
Die Todesanzeige dagegen ist authentisch.

Kinderlied

Die Mutter hatte gesagt, er solle nach draußen gehen und spielen. Sie konnte sich nicht um ihn kümmern. Sie musste das Obst einmachen, das in Wannen und Eimern in der Küche und auf dem Flur stand, nachdem es in den letzten Tagen geerntet worden war.
Er hatte zunächst geholfen, die Früchte aufzuschneiden und das Gehäuse zu entfernen. Aber er stellte sich nicht sehr geschickt dabei an und schnitt sich schließlich in den Finger. „Mit dir hat man aber auch nichts als Ärger", hatte die Mutter geschimpft, als sie ihm ein Pflaster auf die Wunde klebte. „Ich bin bloß froh, wenn du endlich in die Schule kommst und ich dich nicht mehr dauernd hier habe." Das war nicht ganz ernst gemeint, wusste er wohl. Aber es war sicher besser, ihr jetzt eine Weile aus dem Weg zu gehen. Sie hatte so viel zu tun, wie sie dauernd sagte. Und das stimmte ja auch, weil sie jetzt die Ausgebombten im Haus hatten und alles umgeräumt werden musste, damit sie untergebracht werden konnten. Und zum Obstaufschneiden hatte er sowieso keine Lust gehabt. Er hatte die letzten Tage so viele Äpfel und Birnen gegessen, dass er sie nicht mehr sehen konnte.
Er ging nach draußen in den Garten. Die Spielecke mit dem Sandkasten reizte ihn nicht. Da hätte er ja auch gleich in den Kindergarten gehen können. Aber dagegen hatte er sich mit Händen und Füßen gesträubt, bis die Mutter schließlich nachgegeben hatte. „Wart nur,

bis der Vater zurückkommt. Der wird dir das Gehorchen schon beibringen!“, hatte sie gedroht. Aber das hatte ihn nicht weiter beeindruckt. Der Vater war im Krieg und schon lange nicht mehr zu Hause gewesen, sodass er Schwierigkeiten hatte, sich vorzustellen, wie er überhaupt aussah. Und den älteren Brüdern war es gleichgültig, ob er in den Kindergarten ging oder nicht. So hatte er es erreicht, dass er zu Hause bleiben konnte.

Der Garten sah kahl aus. Die Obstbäume waren abgeerntet worden, wobei sie auch viel von dem Laub verloren hatten, das nun unter den Stämmen lag. Er überlegte, ob er es zusammenrechen solle, damit sie es später anzünden könnten. Aber er fand den Rechen nicht und verlor schließlich die Lust dazu. An den Stangenbohnen hingen noch einige vertrocknete Früchte. Er fragte sich, ob die Mutter sie übersehen habe und sich freuen würde, wenn er sie abnähme. Aber er ließ es dann doch lieber bleiben. Wer weiß, ob es der Mutter wirklich recht wäre. Man konnte das nie so genau wissen, mit dem Garten war sie sehr eigen. Das wusste er inzwischen aus Erfahrung. Er sah die Schiebkarre unter dem Vordach am Haus stehen. Stroh lag darin, wahrscheinlich für die Kaninchenställe, die ausgemistet werden mussten. Bald würden sie wieder eins der Kaninchen schlachten, hatte die Mutter gesagt. Sicher würde es wieder der Onkel tun, weil der Vater nicht da war und es machen konnte.

Er setzte sich in die Karre, legte die Hände auf die Ränder der hölzernen Wanne und begann rhythmisch hin- und herzuschaukeln.
„Ausgebómbteausgebómbteausgebómbte."
Die Ständer schlugen dumpf auf den gefliesten Boden, wobei er versuchte zu erreichen, dass der Aufprall immer dann geschah, wenn er „-bómbte" sang.
Das Lied hatte er sich selbst ausgedacht. Die Worte wechselten. Manchmal waren es Wörter, die er irgendwo aufgeschnappt hatte, ohne sie ganz zu verstehen. Eigentlich war das Lied ein Geheimnis, das keiner außer ihm selbst kennen durfte. Aber irgendwann war es passiert, dass die anderen es gehört hatten, als er es sang. Seitdem zogen sie ihn damit auf, die großen Brüder und die Vettern, denen sie davon erzählt hatten.
„Sing uns doch mal dein Lied!", forderten sie ihn auf und hielten ihn fest, sodass er nicht weglaufen konnte. Sie ärgerten ihn so lange damit, bis er heulte und schrie und um sich schlug und die Mutter dazwischen gehen musste, um ihn zu schützen. Dann taten sie ganz unschuldig. „Wir wollten doch nur mal wissen, was er da immer singt", sagten sie. „Das klingt so komisch. Er braucht es uns ja nur zu sagen." Aber er sagte es ihnen nie. Und lange gaben sie sich sowieso nicht mit ihm ab. Sie müssten zum Dienst, sagten sie. Sie zogen ihre Uniform an und verschwanden. Meist war er froh, wenn sie weggingen. Aber ein Fahrtenmesser, wie sie es trugen, das hätte er auch gern gehabt. Dann müsste er nicht mehr so viel Angst haben, wenn er

allein in den Wald oder zu dem großen Haus hinunter ging.
Nach einer Weile war er das Spiel leid. Er stieg wieder aus der Karre und lief durch den Garten bis zur hinteren Pforte. Er öffnete sie und trat hinaus.
An den Garten schloss sich eine große Wiese an, die sich zur Bahnlinie hinabsenkte. Er schaute sich um, ob auf der Wiese auch keine Kühe wären. Er hatte Angst vor den großen Tieren, bei denen man schließlich nicht wissen konnte, ob sie einem etwas tun würden oder nicht. Einmal hatte er es erlebt, dass ihn eine ganze Herde mit Donnergepolter verfolgt hatte, als er über die Wiese zurückkam. Er war um sein Leben gerannt und hatte gerade noch die Gartenpforte erreicht und sich hindurchflüchten können, bevor sie heran waren. Seine Mutter hatte ihm gesagt, die Tiere seien nur neugierig und wären sicher stehen geblieben, wenn er selbst stehen geblieben wäre. Aber das würde er sich nie trauen. Heute allerdings waren nirgends Kühe zu sehen. Er konnte über die Wiese gehen.
Er stieg den Abhang hinunter. Es konnte noch nicht lange her sein, dass die Kühe auf der Wiese gewesen waren. Er musste aufpassen, dass er nicht in die frischen Fladen trat, die überall herumlagen. Die Mutter würde ihn ausschimpfen, wenn er hineinträte und sie den Dreck abmachen müsste, der immer so fest saß, dass er sich kaum abbürsten ließ. „Du hast nur dieses eine Paar Schuhe für den Winter“, hatte sie ihm in der letzten Zeit öfters gesagt. „Wenn du die kaputt machst, dann kannst du nicht mehr nach draußen.“

Seitdem achtete er darauf, dass mit den Schuhen nichts passierte. Nicht mehr nach draußen zu können, war eine schlimme Vorstellung. Was sollte er die ganze Zeit über im Haus machen? Er würde nicht mehr in den Wald gehen können. Und er würde auch nicht mehr zum großen Haus gehen und zusehen können, was dort die Männer mit den anderen machten.

Das Gatter im Zaun, das zum Bahnübergang führte, stand offen, und er ging die Auffahrt hinauf, die aus schwarzer Schlacke aufgeschüttet war. Er überlegte einen Moment lang, ob er nicht auf dem Bahndamm weitergehen solle. Er hatte mehr Lust dazu, als die Straße entlangzugehen. Der Abstand der Schwellen war allerdings zu groß für ihn, um ihn mit einem Schritt zu überwinden. Daher versuchte er immer, auf den Gleisen zu balancieren und auszuprobieren, wie weit er käme. Einmal hatte er es bis hinter die Kurve am Wald geschafft. Aber ein Nachbar hatte ihn gesehen und es der Mutter gesagt. Sie hatte ihm strengstens verboten, jemals wieder den Bahndamm entlangzugehen. Da ließ er es lieber bleiben. Denn immer war irgendwo jemand, der sah, was er tat, und es der Mutter berichtete.

Er überquerte die Gleise und gelangte auf die Straße, die neben dem Bahndamm verlief. Sie war seit Langem nicht mehr ausgebessert worden und mit Löchern übersät, in denen das Wasser vom letzten Regen stand. Er ging die Straße entlang und vergnügte sich eine Weile damit, Steine in die Pfützen zu werfen, sodass das Wasser hoch aufspritzte. Er konnte das ungestört tun,

denn außer ihm schien niemand auf der Straße unterwegs zu sein. Aber es war ja auch nur eine kleine Straße, die von Fuhrwerken der Bauernhöfe ringsum genutzt wurde. Heute war allerdings keines zu sehen.
Seitwärts auf dem Acker sah er eine große trichterförmige Öffnung, um die herum die Erde frisch aufgeworfen war. Er ging heran. Das kam von der Bombe, wusste er. Vor zwei Nächten hatten die Sirenen geheult, und sie waren in den Keller gegangen, während es in der Ferne zu dröhnen und krachen begann und breite Lichtstrahlen über den Himmel zuckten. „Bei der Bahn ist eine Bombe runtergekommen", hatte hinterher jemand gesagt. Die Brüder waren losgegangen und hatten nach Splittern gesucht. Ihn hatten sie nicht mitgenommen. „Du bist zu klein", hatten sie gesagt. „Du machst dir ja noch in die Hosen." Das stimmte überhaupt nicht. Aber so redeten sie oft und davon, dass sie bald die Flugzeuge abschießen würden, aus denen die Tommys und Amis Bomben warfen. Die Mutter verbot ihnen, so zu reden. Aber sie taten es trotzdem.
Ob wohl die Ausgebombten, die jetzt in ihrem Haus wohnten, aus dem Trichter kamen? Aber was hatten sie darin gewollt, und warum waren sie herausgekommen? Auch in den anderen Häusern gab es Ausgebombte, hatte er gehört. Kamen sie alle aus solchen Trichtern? Er hätte gern jemanden danach gefragt. Aber die Brüder würden ihn nur auslachen, und die Mutter hatte keine Zeit.
Er kam zu dem Hohlweg, durch den die Straße in eine Senke hinunterführte. Links und rechts von ihm ragte

die Böschung auf. Er stellte sich immer vor, da oben könnte jemand stehen und auf ihn lauern. Er fürchtete diese Stelle und fing an zu rennen, bis er hindurch war. Nun war er unter hohen Bäumen, durch deren Zweige das Licht der Vormittagssonne fiel. Etwas abseits stand ein kleines Haus, ein Kotten, dessen Bewohner ihm bekannt waren. Aber er sah niemanden am Haus. Nur ein Hund kam angerannt und sprang kläffend am Lattenzaun hoch. Dann erkannte er den Jungen, wedelte mit dem Schwanz und ließ sich von ihm streicheln. Er kam mit, so weit es die Umzäunung zuließ.
Die Straße führte jetzt wieder in die Höhe, bis sie in eine andere, größere einmündete. Sie kam von links durch einen Tunnel, der unter dem Bahndamm hindurchführte. Das war ein feuchter dunkler Ort, auch im hellen Tageslicht, und er war froh, dass er nicht hindurchgehen musste. Er sah dort eine Gruppe von Leuten stehen – Männer, die Rucksäcke trugen und die er nicht kannte. Sie kümmerten sich nicht um ihn, und er ging in die andere Richtung. Dort lag der Ort, zu dem er wollte.
Es war jetzt nicht mehr weit. Einmal kam ihm ein Auto mit offenem Verdeck entgegen. Er trat so weit wie möglich an die Seite, um den Wagen vorbeizulassen. Die Männer in dem Auto waren Soldaten. Sie trugen Stahlhelme auf dem Kopf. Einer von ihnen winkte und rief ihm etwas zu. Er winkte zurück. Das Auto verschwand in dem Tunnel unter der Bahn.
Dann war er da. Vor ihm lag das große Haus, um das der Zaun mit dem Stacheldraht führte. Daneben war

noch ein kleineres Haus, das einen hohen Schornstein hatte. Aber um dieses Haus herum gab es keinen Zaun. Gerade wurde ein Fenster geöffnet, eine Frau beugte sich heraus und schüttelte ein Kissen aus, wie es seine Mutter oft machte. Dann rief sie nach zwei Kindern, die vor dem Haus spielten. Auf ihn achtete niemand.
In dem Zaun gab es ein Tor mit einer Schranke davor, die gerade geöffnet wurde. Zwei Männer in Uniform schoben sie beiseite. Ein Lastwagen, der gestoppt hatte, fuhr wieder an und durch das Tor hindurch. Hinter der Einfahrt hielt er an. Auf der Ladefläche saßen Männer, die kahl geschorene Köpfe hatten und gestreifte Jacken trugen. Andere Uniformierte kamen herbei. Einer öffnete die Ladefläche und brüllte etwas. Die Männer sprangen herunter, wobei einige ins Straucheln kamen und hinfielen. Die Uniformierten, die Knüppel in den Händen trugen, schlugen auf sie ein, bis sie sich wieder erhoben hatten. Dann wurde die ganze Gruppe unter ständigem Schreien und Schlagen an dem großen Haus vorbei nach hinten getrieben.
Er wusste, was dort passierte. Aber er wollte es wieder sehen. Er rannte den Weg entlang, der zum Bahndamm hinter dem großen Haus führte. Außer Atem kam er an. Dort hatten sich schon andere Zuschauer eingefunden.
Eine der Frauen schien ihn zu kennen. „Das ist doch der Kleine von B.s“, hörte er sie zu einer anderen sagen. Aber er kümmerte sich nicht darum. Er wollte sehen, was passierte.

Sie standen vor dem Zaun. Dahinter senkte sich die Böschung ab zu einem gepflasterten Hof, auf dem jetzt die Männer standen, die auf dem Lastwagen gesessen hatten, umringt von den Uniformierten. „Jetzt wollen wir mal etwas Sport treiben!“, rief einer von ihnen lachend den Zuschauern zu. Dann gab er ein Kommando. Die Männer in den gestreiften Jacken rannten die Böschung hinauf bis vor den Zaun und kehrten dann wieder um. „Schneller, aber mal dalli!“ Einer der Zuschauer johlte. Die anderen blieben stumm. Die Männer rannten wieder los und kehrten zurück, nur um aufs Neue in die Höhe getrieben zu werden. So ging es immer weiter. Bald schafften es die ersten nicht mehr. Sie strauchelten und versuchten, auf Händen und Knien weiterzukriechen, bis sie auch das nicht mehr konnten und die Böschung hinabrollten, hinunter auf den Hof, wo die Schläger schon warteten.
Schließlich lagen mehrere der Männer auf dem Pflaster. Einer blutete aus Mund und Nase, konnte er von oben sehen. Es erinnerte ihn an die Kaninchen, die manchmal auch aus Mund und Nase bluteten, wenn ihnen der Onkel den Schlag ins Genick versetzt hatte. Unten wurde das Schauspiel beendet. „Schluss jetzt, ihr Lumpenpack!“ Diejenigen, die noch auf den Beinen waren, stiegen keuchend den Hang hinunter und stellten sich wieder auf dem Hof auf. „So, jetzt wisst ihr ein bisschen, was euch hier erwartet. Nicht dass ihr glaubt, ihr wärt im Erholungsheim. Hier wird allen faulen Ausländern beigebracht, was in Deutschland arbeiten

heißt." Die Zuschauer lachten. „Und jetzt schafft eure Kameraden fort." Der Uniformierte, der das Sagen hatte, wies auf die Körper der auf dem Pflaster Liegenden. Sie wurden von den anderen in das große Haus getragen. „Schluss der Vorstellung!" Der Uniformierte winkte den Zuschauern zu, einige applaudierten. Er und seine Männer zündeten sich Zigaretten an. Dann schlenderten sie davon.

Die Zuschauer zerstreuten sich. „Weiß denn deine Mutter, dass du hier bist?" Die Frau von vorhin beugte sich zu ihm herunter. „Ja", sagte er. Sie zuckte die Achseln. „Ob das wohl das Richtige für kleine Kinder ist? Dass die zusehen, wie hier die Leute halbtot geschlagen werden? Ich weiß ja auch nicht ...", sagte sie zu der anderen Frau. Aber was die antwortete, hörte er nicht mehr.

Er ging wieder zurück. Er lief die Straße entlang bis zur Unterführung, wo jetzt niemand mehr stand. Er bog in die kleine Straße ein, die an dem Kotten vorbeiführte, und streichelte den Hund, der ihn wieder begrüßte. Unter den Bäumen sah er Pilze stehen. Er kannte sich aus mit Pilzen. Er wusste, welche man essen konnte, und dass die Mutter sich darüber freuen würde. Aber als er sie abbrach, quollen lauter dicke weiße Maden hervor. Da ließ er sie liegen.

Er kam an dem Bombentrichter vorbei, überquerte die Bahn und die Wiese, bis er zur Gartenpforte kam. Die Mutter war wohl noch immer im Haus. Niemand war zu sehen. Er ging durch den Garten zu dem Verschlag am Haus und stieg wieder in die Schiebkarre hinein.

„ManmussdiekleinenKinderhalbtótschlagen“, sang er und wiegte sich hin und her, wobei er sich bemühte, bei „-tót-“ die Karre möglichst stark aufschlagen zu lassen. „ManmussdiekleinenKinderhalbtótschlagen ...“

Die vorliegende Erzählung geht auf eine Schilderung zurück, die der Verfasser von einem Mann erhielt, der als (kleines) Kind Augenzeuge der Vorgänge um das Arbeitserziehungslager Ohrbeck im Augustaschacht geworden war.
Die Schilderung selbst findet sich als Interview-Auszug in der Dokumentation des Verfassers „Das Arbeitserziehungslager Ohrbeck bei Osnabrück“ (Osnabrück 2000, dort S. 335 f.).

Das Plädoyer

Der Verteidiger sammelte sich noch einmal. Er ließ den Blick durch den Saal schweifen.

Da saßen die Richter und Schöffen auf ihrer Empore und blickten aufmerksam zu ihm herüber, um sein Schlussplädoyer zu hören. Unter ihnen war eine Frau. Sonst waren es alles ältere Männer. Vom Vorsitzenden wusste er, dass er während des Krieges Militärrichter gewesen war. Über die anderen wusste er wenig.

Der Staatsanwalt wirkte wenig interessiert. Er schaute nur einen Moment lang auf, als sei er bei etwas gestört worden. Dann blätterte er weiter in dem Text, der vor ihm lag, und schien sich Notizen zu machen.

Der Angeklagte saß ruhig da, die Hände im Schoß gefaltet. Er blickte nicht zu ihm her, als wolle er jeden Eindruck vermeiden, dass es eine besondere Verbindung zwischen ihnen gebe. Er folgt meinem Rat, dachte der Verteidiger erleichtert. Hoffentlich bleibt er dabei und unterlässt es vor allem, durch Mimik und Gesten Zustimmung oder Ablehnung zum Ausdruck zu bringen. „Die Verhandlung ist für Sie vorbei“, hatte er dem Angeklagten gesagt. „Sie haben jetzt nur noch zuzuhören und den Urteilsspruch entgegenzunehmen. Das ist alles, was das Gericht von Ihnen erwartet. Halten Sie sich bitte daran!“

In der ersten Reihe der Zuhörer erkannte er den Hofbesitzer W., neben ihm seine Frau und die drei Töchter. Der Großbauer saß massig da, die Hände auf einen

Stock gestützt, den er seit einem Schlaganfall als Gehhilfe brauchte, wie dem Verteidiger zugetragen worden war. Es hatte sich nicht umgehen lassen, dass er die Familie kurz begrüßte, als er vorhin durch die Seitentür den Saal betrat. Aber er hatte sich gleich wieder abgewandt, als eine Gruppe von Parteifreunden auf ihn zukam. Er mochte den Alten und seine Gutsherrenart nicht sonderlich. Die Parteifreunde hatten ihm die Hand geschüttelt und auf die Schulter geklopft. „Mach weiter so!", hatte S. gesagt, der immerhin im Landtag saß. „Bisher ist doch alles prima gelaufen." Selbst der Pastor war gekommen, in Zivil natürlich, aber unübersehbar. Hochwürden hatte ihm auch die Hand geschüttelt und alles Gute für die bevorstehende Verhandlung gewünscht. Das war doch etwas. Das hatte er wirklich nicht erwartet!
Sie, die den Prozess ja erst möglich gemacht hatte, konnte er nicht erkennen. Er ging aber davon aus, dass sie auch da war. Sie hatte bisher keinen der Tage versäumt, an denen verhandelt wurde. Schließlich war das ja ihr Prozess, gewissermaßen. Aber sie war von Natur aus scheu, wie er wusste, und hatte sich wohl einen Platz ausgesucht, auf dem sie möglichst nicht auffiel.
Der Saal war bis auf den letzten Platz gefüllt. Sie hatten schon den größten Raum genommen, der im Gerichtsgebäude vorhanden war. Aber selbst der reichte nicht aus. Sie hätten schon eine Einlasssperre vornehmen müssen, hatte ihm vor Verhandlungsbeginn der zuständige Inspektor gesagt. Das Interesse der Öffentlichkeit war ungebrochen. Seitdem verhandelt wurde,

hatten die örtlichen, die regionalen und selbst überregionale Zeitungen umfassend berichtet. Und heute war der Tag für die abschließenden Plädoyers und die Urteilsverkündung. Kein Wunder, dass niemand das verpassen wollte!

Er war zum Pflichtverteidiger ernannt worden. Was für eine Gelegenheit für einen jungen und erst vor Kurzem zugelassenen Anwalt zu zeigen, was in ihm steckte. Und was für eine Gelegenheit auch, die angestrebte politische Karriere zu befördern!

Was würden sie über ihn schreiben, die Reporter, die seitwärts von ihm auf der Pressebank saßen, die Notizblöcke auf den Knien? Das hing ganz davon ab, was er in den nächsten Minuten sagen würde. Aber es war sein Tag, das spürte er. Er würde alles geben, was in ihm steckte. Das musste er auch, denn sonst würde er nie aus der Bedeutungslosigkeit herauskommen, in der so viele aus seinem Berufsstand verblieben. Später, nach der Verhandlung, würde man ihn sicher noch interviewen und Fotos von ihm machen. Aber entscheidend für das, was morgen über ihn in den Blättern stehen würde, waren die nächsten Minuten.

Er straffte sich unwillkürlich. Dann räusperte er sich und begann.

„Hohes Gericht!

Gestatten Sie, dass ich zunächst noch einmal kurz die Umstände und den Verlauf der Tat skizziere, über die Sie heute zu urteilen haben.

Vor Ihnen sitzt ein Mann, der angeklagt ist wegen Mordes, begangen am 16. April des Jahres 1945 an ei-

nem Russen und einem Polen in der Gemeinde Wellendorf im Landkreis Osnabrück.
Wer ist dieser Mann?
Sie haben sich während der Verhandlung ein Bild von ihm machen können. Sie werden mir sicherlich zustimmen, wenn ich feststelle, dass er alles andere als ein Krimineller im Sinne des Wortes ist, wie wir es benutzen. Er ist nicht vorbestraft. Er führt ein ganz normales gutbürgerliches Leben unter Respektierung der Gesetze und Regeln, die in unserer Gesellschaft gelten, weil sie sich bewährt haben."
Die Formulierung ist gut, dachte er und blickte kurz von dem Blatt auf, wo er sie notiert hatte. Ein Mensch wie Du und Ich, das sollte Richter und Schöffen eigentlich überzeugen.
„Aber diese Gesetze und Regeln hatten wenig oder gar keine Geltung in dem Zeitraum, in den die fragliche Tat fällt", fuhr er fort. „Die meisten von uns, die wir hier versammelt sind, werden das noch im Gedächtnis haben. April 1945 – die Zeit des Kriegsendes, die Zeit des Zusammenbruchs! Alle Ordnung löste sich auf. Unzählige unserer Landsleute waren auf der Flucht vor den Bomben, die unsere Städte in Schutt und Asche legten, oder vor der roten Soldateska, die über die östlichen Provinzen unseres Vaterlandes hereinbrach.
Die Menschen hatten Angst, große Angst. Auch vor den Fremden, die unter ihnen lebten. Sie hatten sie ins Land geholt, damit sie hier arbeiteten. Fremdarbeiter nannte man sie. Aber auch wenn manche nicht ganz freiwillig gekommen waren, so hatten es die meisten

doch nicht schlecht getroffen. Ja, manch einem ist es sicherlich in Deutschland besser ergangen als in seiner Heimat, vor allem, wenn er aus der Sowjetunion und dem dort herrschenden menschenverachtenden System des Kommunismus kam."

Er sah, wie zwei oder drei auf der Richterbank beifällig nickten. Weiter so, dachte er. Bleib ruhig noch ein Weilchen auf der Spur!

„Aber die deutsche Niederlage zeichnete sich ab. Sie war nur noch eine Frage von Tagen oder Wochen. Das war die Gelegenheit für manche unter den Ausländern, sich von den lästigen Pflichten zu befreien und ihr Mütchen zu kühlen. Sie legten die Arbeit nieder, rotteten sich zusammen, raubten und plünderten, wo es etwas zu holen gab. Die Engländer, die inzwischen das Osnabrücker Land besetzt hatten, hinderten sie nicht daran. Zu dem Zeitpunkt hatten sie erklärtermaßen kein sonderliches Interesse daran, den Deutschen zu helfen."

Den letzten Satz sagte er wie nebenbei, um dann wieder die Stimme zu heben. „Auch zu Vergewaltigungen und Morden ist es gekommen, wobei leider festgestellt werden muss, dass dabei vor allem die Russen und die Polen unter den Fremdarbeitern in Erscheinung traten."

Unter den Zuhörern kam leichte Unruhe auf. Aber dem Anwalt war deutlich, dass das Gemurmel Zustimmung bedeutete. Er hatte ein feines Gespür dafür. Der Vorsitzende hob ruckartig den Kopf und schaute streng auf die Zuhörer. Aber das Geräusch legte sich wieder, bevor ein Ordnungsruf nötig wurde. Der Verteidiger konnte fortfahren.

„Kommen wir jetzt zu der Situation in Wellendorf. Wie wir durch eine Reihe glaubwürdiger Zeugen erfahren haben, ist es auch im Umkreis dieses Ortes zu schweren und schwersten Zwischenfällen gekommen. Da es keine deutsche Polizei mehr gab und die Engländer nicht eingriffen, richteten die Wellendorfer einen Selbstschutz ein, bestehend aus den wenigen Männern, die im Ort noch verfügbar waren. Einer von ihnen war der Angeklagte. In der Wehrmacht bekleidete er zuletzt den Rang eines Oberfeldwebels und damit eines Mannes, der das Vertrauen seiner Vorgesetzten und als ‚Mutter der Kompanie' auch seiner Untergebenen genoss." Er konnte davon ausgehen, dass den meisten Männern unter den Zuhörern der Ausdruck vertraut war. „Seit Anfang 1942 hatte er an der Ostfront gestanden, war sechsmal verwundet worden und hatte gerade einen Lazarettaufenthalt hinter sich, als er Anfang April zurück nach Wellendorf kam. Bei einem der Überfälle schlug ihm ein Russe mit einer gefüllten Weinflasche auf den Hinterkopf, sodass der Angeklagte nach Hause getragen werden musste. Bedenken Sie: Ein Rekonvaleszent, der gerade den Schrecken des Krieges entronnen ist, wird von einem Fremdarbeiter sozusagen krankenhausreif geschlagen! Ich möchte das hervorheben, um deutlich zu machen, in welcher – ja: Notlage kann man wohl mit Fug und Recht sagen! – sich die Wellendorfer damals befanden."

„Sehr richtig!", rief jemand unter den Zuhörern. Wieder kam beifälliges Gemurmel auf, diesmal noch stärker als vorher. „Ich muss doch dringend um Ruhe bitten!" Der Vorsitzende erließ seinen Ordnungsruf, und das Gemurmel erstarb. Bisher ist alles gut gelaufen, dachte der Verteidiger. Aber ich darf seine Geduld nicht überstrapazieren. Jetzt keine weiteren Vorgeschichten mehr! Ich muss zur Sache kommen.

„Nähern wir uns aber jetzt dem Geschehen, das hier zur Verhandlung steht. Auf dem Hof W., der zwar bereits zum Nachbarort Kloster Oesede gehört, aber am Rand von Wellendorf liegt, waren ein Russe und ein Pole zur Arbeit eingesetzt. Ihre Namen sind bekannt und in der Verhandlung genannt worden. Bei einem erneuten Überfall von Fremdarbeitern am 15. April in Wellendorf flüchtete einer der Beteiligten auf den Hof W. Den ihn verfolgenden Selbstschutzangehörigen stellten sich der Russe und der Pole entgegen und verhinderten seine Festnahme. Bei dieser Gelegenheit wurden die beiden verwarnt, dass sich so etwas nicht noch einmal wiederholen dürfe. Sonst werde es schlimme Konsequenzen für sie haben.

Ich muss jetzt noch etwas zu diesen beiden Fremdarbeitern auf dem Hof W. sagen." Er machte eine kleine Kunstpause. „Ich habe sie nämlich persönlich gekannt."

Erneut kam Unruhe auf. Im Publikum wurde geredet. Die Reporter schauten kurz zu ihm hin, dann konzentrierten sie sich wieder aufs Schreiben. Er wusste, dass

seine Feststellung von eben in keinem Artikel morgen fehlen würde.
„Könnten Sie uns das bitte näher erläutern?“, fragte jetzt der Vorsitzende. Es war ungewöhnlich, dass ein Richter in die Plädoyers des Verteidigers oder des Staatsanwalts eingriff. Aber diesmal geschah es. Er verbuchte es als Erfolg. Er hatte sie überrascht und genoss ihre volle Aufmerksamkeit. Selbst der Staatsanwalt hatte sich ihm jetzt zugewandt.
„Aber gerne, Hohes Gericht! Ich habe es bisher nur nicht zur Sprache gebracht, weil es mir als nicht zur Sache gehörig erschien. Aber nun will ich es doch erwähnen. Als kleiner Junge bin ich ab und an auf dem Hof W. gewesen. Mein Bruder, der mit dem einzigen Sohn der Familie zusammen zur Schule ging, hat mich mitgenommen. Leider ist dann sein Freund unmittelbar vor Kriegsende noch gefallen – ein furchtbarer Verlust für die alteingesessene und angesehene Familie W., die damit den Hoferben verlor.“
Das wird für Mitgefühl sorgen, dachte er. Das konnte nichts schaden. Schließlich hatte die Familie durchaus ihren Anteil an den Vorgängen, die zum Tod der beiden Fremdarbeiter führten. Im Grunde genommen saßen die W.s mit seinem Mandanten im gleichen Boot. Aber er hütete sich, das auszusprechen.
„Ich habe damals Iwan und Stanislaw kennengelernt. Sie waren freundlich zu mir und neckten mich, als sie meinen Namen erfuhren. Der bedeute auf Polnisch ‚Zwiebel’, sagten sie und nannten mich nur noch ‚Zwiebelchen’. Ich habe das aber nicht übel genom-

men“, fügte er rasch hinzu. „Die beiden waren lustig und freundlich und machten nicht den Eindruck, als hätten sie es schlecht auf dem Hof. Wie sich das Verhältnis dann allerdings bis zum Kriegsende hin entwickelt hat, ist mir nicht bekannt.“
In diesem Augenblick spürte er ihre Augen. Für einen Moment hielt er inne und ließ seinen Blick über die Reihen der Zuhörer schweifen. Sie saß ganz am Ende der dritten Reihe und sah ihn an.
Es stimmte ja so nicht, wie er es gesagt hatte. In Wellendorf und Kloster Oesede war allgemein bekannt, dass die W.s ihre Fremdarbeiter schlecht behandelten. Und nicht nur diese. Auch von den Familien, die die zum Hof gehörenden Kotten bewirtschafteten, und vom Gesinde waren häufig Klagen zu hören. Bauer W. besaß den größten Hof in Kloster Oesede. Er war schon fast ein Großgrundbesitzer, und wie ein solcher pflegte er sich auch aufzuführen. Wer wusste das besser als sie, die selbst aus einem der Kotten stammte und auf dem Hof gearbeitet hatte?
War das nicht der Grund, weshalb sie sich dafür einsetzte, dass den beiden Toten wenigstens nachträglich „Gerechtigkeit widerfuhr“? So hatte sie es ihm gegenüber ausgedrückt, als er wissen wollte, warum sie nach fast zwanzig Jahren noch Anzeige erstattet habe.
Ob sie vielleicht etwas mit einem der beiden Fremdarbeiter gehabt hatte? Es war ja bekannt, dass es zu solchen Dingen gekommen war. Aber das ging ihn schließlich nichts an, dachte der Verteidiger. Sie war nicht seine Mandantin. Seine Aufgabe war es, für den

Mann auf der Anklagebank einzutreten, der erwartete, vom Vorwurf des Mordes freigesprochen zu werden. Das zu erreichen, war das Einzige, worauf es ankam. Dahinter trat alles andere zurück.

„Hohes Gericht“, sagte er und wandte sich wieder der Richterempore zu, „kommen wir jetzt zum 16. April 1945! Bei einer Kontrolle von Fremdarbeitern durch Selbstschutzleute wurden mehrere derselben schwer verletzt, darunter der Schwiegervater des Angeklagten. Nennen wir die Dinge doch ruhig bei Namen: Er erhielt einen Hodenschuss. Später erschien eine der Töchter des Bauern W. mit dem Fahrrad in Wellendorf und bat um Hilfe, weil die beiden Fremdarbeiter auf dem Hof damit gedroht hätten, ihn anzuzünden. Auch ihr werde man noch etwas antun, hätten sie gesagt. Ich muss zugeben“, der Anwalt senkte die Stimme, „dass es mir zunächst schwergefallen ist, solche Drohungen mit den beiden Fremdarbeitern, wie ich sie in Erinnerung hatte, in Verbindung zu bringen. Aber wir wissen ja alle, was der Krieg aus Menschen machen kann“, erhob er wieder die Stimme. „Fielen nicht gerade in jenen Tagen und Wochen ungezählte deutsche Frauen den vertierten roten Horden zum Opfer? Hatte nicht ein Ilja Ehrenburg dazu aufgefordert – ich zitiere: ‚den Rassestolz der deutschen Frau zu brechen und sie als rechtmäßige Beute des Siegers zu betrachten‘! Der Aufruf des kommunistischen Ideologen war allgemein bekannt und sicher auch den Fremdarbeitern auf dem Hof W. zu Ohren gekommen. Musste sich nicht die

junge Frau aufs Höchste bedroht fühlen? Und vergessen wir nicht: Sie hatte noch zwei Schwestern!"
Die Erwähnung von Ehrenburg hatte er spontan vorgenommen. Aber fast hätte er doch den Begriff ‚jüdisch-kommunistischer Ideologe' verwendet, ging es ihm durch den Kopf.
Er hatte es gerade noch verhindern können. Wie diese alten Formulierungen, die sich von damals her eingeprägt hatten, doch immer noch festsaßen. So ein Lapsus durfte ihm auf keinen Fall passieren, das käme überhaupt nicht gut! Der Anwalt beschloss, sich von jetzt an genau an den vorbereiteten Text zu halten.
„Das Selbstschutzkommando aus Wellendorf erschien auf dem Hof W. und verhaftete die beiden Fremdarbeiter, die keinen Widerstand leisteten. Sie sollen allerdings Drohungen ausgestoßen haben, dass sie mit Verstärkung wiederkommen, den Hof abbrennen und alle darauf totschießen würden. Daraufhin habe man ihnen, so die Erinnerung von Beteiligten, deutlich gemacht, dass es sehr wohl sie selbst sein könnten, die erschossen würden. Für den Hofbesitzer, seine Familie und die Selbstschutzleute bestand also eine echte Bedrohungslage oder sogar Notwehrsituation, die es auf irgendeine Weise abzuwenden galt, wie man wohl mit Fug und Recht feststellen kann. Die beiden Fremdarbeiter wurden zum Bahnhof Wellendorf geführt und im angrenzenden Wäldchen Ellerbruch erschossen. Dass die Tat von dem Angeklagten begangen wurde, und zwar durch jeweils einen Schuss mit der Pistole in den Hinterkopf, ist unstrittig. Die Leichen wurden zu-

nächst in einem Bombentrichter abgelegt und mit Gestrüpp zugedeckt. Später wurden sie auf dem nahe gelegenen Friedhof von Wellendorf bestattet."

Der Anwalt machte eine Pause. Das wäre geschafft, dachte er. Der Grund ist gelegt. Jetzt noch die richtigen Schlussfolgerungen ziehen, und der Fall sollte durch sein.

Er merkte erst jetzt, wie er schwitzte. Er zog ein Taschentuch hervor und wischte sich über die Stirn. Dann nahm er einen Schluck Wasser aus dem Glas, das vor ihm stand. Er hatte es aber erst jetzt wahrgenommen. Er stellte das Glas wieder ab und blätterte ein wenig in den Unterlagen herum, die vor ihm lagen. Dann sah er wieder auf, wobei er sich bemühte, nicht dem Augenpaar zu begegnen, von dem er wusste, dass es auf ihn gerichtet war.

„Hohes Gericht, ich komme nun zum Schluss. Wie ist die Tat, über die Sie zu urteilen haben, zu bewerten? Ich glaube, ich darf feststellen, dass wir sie alle zutiefst bedauern, und nicht zuletzt der Angeklagte, wie ich aus manchem Gespräch mit ihm weiß und wie er es ja auch während der Verhandlung deutlich gemacht hat. Aber welche Bezeichnung verdient die Tat? War es wirklich das, was im Sinne des Strafgesetzbuchs als Mord bezeichnet wird?

Dass eine vorsätzliche Tötung vorliegt, kann sicher nicht in Abrede gestellt werden. Um sie als Mord einzustufen, bedarf es allerdings ganz besonderer Merkmale wie etwa der Heimtücke, die darin besteht, dass das Opfer arg- und wehrlos ist, oder sogenannter niederer Beweggründe wie Befriedigung der Geschlechtslust und so weiter. Ich bin der Auffassung, dass solche Merkmale im vorliegenden Fall nicht gegeben sind. Die Selbstschutzleute und unter ihnen der Angeklagte wollten grundsätzlich nur die ihnen Anvertrauten schützen, wie ich oben dargelegt habe. Sie übernahmen die Aufgaben der Polizei, als es keine Polizei mehr gab. Ihr Beweggrund war der Schutz der eigenen Landsleute vor Unrecht und Gewalt, der Schutz der eigenen Familien. Kann es einen höheren Beweggrund geben?"

Die – zugegeben rhetorische – Frage hatte er mit Emphase gesprochen und sich dabei direkt an die Richter und Schöffen gewandt. Er sah, wie wieder genickt wurde, von einigen sogar mehrfach. Die Bresche war also geschlagen.

„Nun könnte man vielleicht sagen: Ja, aber arg- und wehrlos waren die beiden Fremdarbeiter doch wohl, als sie abgeführt wurden, oder? Sie hatten doch keine Waffen bei sich, wie wir gehört haben, und sich von hinten einfach in den Kopf schießen lassen, das kann doch wohl nur auf Arglosigkeit schließen lassen. Mit Verlaub, Hohes Gericht, das sehe ich keineswegs so. Zur Gegenwehr hatten die beiden bloß keine Gelegenheit. Dass sie dazu bereit waren, bezeugt ihre Drohung, mit Verstärkung wiederzukommen und den Hof abzubrennen, worauf ich bereits hingewiesen habe. Und Arglosigkeit kann ich bei ihnen mit bestem Willen nicht voraussetzen. Bedenken Sie, dass die beiden bereits einen Tag vor ihrem Ende ernstlich verwarnt und auf schlimme Konsequenzen hingewiesen worden waren, sollten sie weiterhin anderen Ausländern Unterschlupf gewähren oder sie bei ihren Verbrechen unterstützen. Sie waren also gewarnt und keineswegs arglos, als die Selbstschutzleute sie auf den Hilferuf der jungen Frau hin festnahmen und abführten. Aber wohin sollte man die Festgenommenen schaffen? Was sollte man mit ihnen anfangen? Sie den Engländern zu übergeben, hätte doch bedeutet, dass sie in Kürze wieder auf freien Fuß gesetzt worden wären und ihre Rachepläne in die Tat hätten umsetzen können. Hinzu kommt, dass die Selbstschutzleute bei einer solchen Übergabe ihr Leben aufs Spiel gesetzt hätten. Denn sie hätten dabei zugeben müssen, dass sie mit Waffengewalt vorgegangen waren. Aber auf Waffenbesitz stand für Deutsche die Todesstrafe. Das hatten die Engländer so angeordnet, und das wusste jeder Deutsche. Also, was anderes hätten die Selbstschutzleute, hätte der Angeklagte H. tun können als das, was im Ellerbruch geschah? Hätten Sie, hätte ich einen anderen Ausweg gewusst? Diese Frage sollte jeder von uns für sich beantworten – vor sich und seinem Gewissen. Wenn die Antwort ‚Nein' lautet, dann müssen Sie den Angeklagten vom Vorwurf des Mordes freisprechen."

Ein Seufzen ging durch das Publikum. Es war vollbracht. Er wischte sich wieder den Schweiß von der Stirn. Bloß fertig werden, dachte er. Dann hinsetzen, dem Staatsanwalt zuhören und den Richterspruch abwarten. An dem Ausgang hatte er allerdings kaum mehr Zweifel.

Aber es galt, noch einen letzten Punkt zu klären.

„Sollten Sie stattdessen auf vorsätzliche Tötung befinden, so ist das Verfahren einzustellen, wie Sie sicherlich wissen, da inzwischen Verjährung eingetreten ist. Aber in diesem Fall bitte ich Sie auch zu bedenken, welche Konsequenzen das für den Angeklagten hätte. Ein bisher unbescholtener Mensch", er wies zu ihm hinüber, „der sich und seine Familie als Stahlwerker zu erhalten sucht, obgleich seine Erwerbsfähigkeit durch die Kriegsverletzungen und einen später erlittenen Unfall erheblich gemindert ist, wird für sein weiteres Leben als Totschläger gebrandmarkt. Wir haben während der Verhandlung auch das Sachverständigen-Gutachten des Herrn Obermedizinalrats Dr. Win. gehört, wonach der Angeklagte – ich darf zitieren: ‚... bei dem Schlag mit der gefüllten Weinflasche auf den Hinterkopf bei dem Zusammenstoß mit den Fremdarbeitern um den 12. April 1945 nicht nur eine Gehirnerschütterung, sondern eine substantielle Hirnschädigung, d. h. eine Schädigung der Hirnsubstanz infolge Zerreißung kleiner Gefäße oder traumatischer Erweichung mit nachfolgender Blutung, davongetragen hat.' Ich bitte Sie, vor allem der anschließenden Schlussfolgerung Ihre Beachtung zu schenken. Da heißt es nämlich: ‚Eine solche Gehirnkontusion kann Persönlichkeitsveränderungen, die an und für sich nicht zur Grundstruktur des Betroffenen gehören, zur Folge haben, und diese Störungen können für lange Zeit, unter Umständen für dauernd anhalten.'

Ich bitte Sie auch im Lichte dieses Gutachtens, auf Freispruch zu erkennen."

Später, als die Reporter und die Fotografen ihn endlich in Ruhe ließen, als er den Dank des Angeklagten und nunmehr Freigesprochenen und die Glückwünsche der anderen entgegengenommen hatte, traf er sie. Sie hatte draußen auf ihn gewartet.
Sie trug einen Mantel an diesem milden Oktobertag des Jahres 1964. Den Kragen hatte sie hochgeschlagen, als sei ihr kalt.
„Bist du mir jetzt böse?", fragte er sie. Erstaunt sah sie ihn an. „Aber warum denn? Du hast doch gut gesprochen und alle auf deine Seite gebracht. Eigentlich bin ich auch froh, dass Herr H. nun nicht ins Gefängnis muss. Was hätten die Leute dann über mich gesagt! Aber ich weiß nicht", setzte sie leise hinzu, „ich kann die beiden einfach nicht vergessen. Sie waren doch noch so jung und haben eigentlich keinem was getan, oder? Du hast sie ja auch gekannt. Aber jetzt ist ja alles vorbei, Gott sei Dank. Mach's gut!"
Sie gab ihm kurz die Hand und ging davon. „Ich kann dich doch noch nach Hause bringen", rief er ihr hinterher. Aber sie hörte ihn schon nicht mehr. Er sah sie im Strom der Passanten verschwinden.

H. wurde einige Jahre später im Freien tot aufgefunden. Wie die anschließende Untersuchung ergab, deutete nichts auf ein Fremdverschulden hin.
Der Anwalt, der ihn verteidigt hatte, war später langjähriger Bürgermeister einer Stadtgemeinde im Osnabrücker Land. Als Politiker und Jurist machte er sich einen Namen weit über die Region hinaus.
Die Frau, die die Anzeige gegen H. erstattet hatte, lebte noch eine Weile im Kotten des Bauernhofs W., bis sie wegen ihrer angegriffenen Gesundheit in ein Pflegeheim ziehen musste.
Die beiden ‚Fremdarbeiter' Stanislaw Gontek und Iwan Kowal wurden auf den sog. ‚Ausländerfriedhof' Meyerhöfen bei Bohmte umgebettet, wo sich ihre Grabstätten bis heute befinden. Stanislaw G. war 25 Jahre alt, als er erschossen wurde. Das Alter von Iwan K. ist nirgends vermerkt.
Die Begriffe ‚Fremdarbeiter' und ‚Selbstschutz' werden in den Prozessunterlagen nicht problematisiert, es fehlen die Anführungszeichen. Daher hat der Verfasser auch in seinem Text darauf verzichtet.
Bei dessen Abfassung konnte er sich auf den Zeitungsartikel „Wochenlang kümmerte sich keiner um die Leichen. 16. April 1945: Im Wald werden zwei Männer gleichsam hingerichtet – Polizist: Nicht an die große Glocke hängen" in der Neuen Osnabrücker Zeitung stützen (12. 4. 2001), außerdem auf Gerichtsunterlagen, eine (unveröffentlichte) autobiografische Aufzeichnung und eigene Recherchen.

Der Fund

„Eigentlich müssten wir gleich da sein“, sagte seine Frau.
Sie hatten den Besuch um einige Wochen verschoben. Geplant gewesen war er für Anfang Februar. Aber dann war etwas dazwischengekommen: In der Stadt, in der sie lebten, wurde nach Abschluss des Umbaus die Synagoge neu eröffnet. Da er zur Jüdischen Gemeinde in Verbindung stand, gehörte er zum Kreis der Eingeladenen. Der Kontakt war ihm wichtig, sodass es für ihn keine Frage war, an dem Ereignis teilzunehmen. Seine Frau hatte ihn begleitet. Sie war an allem interessiert, was mit dem Judentum zusammenhing, und wollte gern die neue Synagoge kennenlernen. So hatten sie den Freunden abgesagt. Jetzt sollte der Besuch nachgeholt werden.
Sie waren mit Horst und Erika seit Langem befreundet. Kennengelernt hatten sie sich vor Jahren auf einer Auslandsreise. Seitdem trafen sie sich regelmäßig. Der letzte Besuch lag allerdings länger als sonst zurück. Die Freunde, die in den Ruhestand getreten waren, hatten die Großstadt hinter sich gelassen und waren aufs Land gezogen – genauer: ins Bergland. Sie hatten dort ein altes Haus gekauft und es wieder hergerichtet, was viel Zeit gekostet hatte, ganz zu schweigen von der Arbeit und den finanziellen Mitteln, die sie einsetzen mussten. Nun war aber alles fertig und der Umzug abgeschlossen. Der Besuch war willkommen.

Sie hatten den Ort, den die neue Adresse der Freunde nannte, inzwischen hinter sich gelassen und folgten einer schmalen Straße, die in die Berge führte. Nach einigem Auf und Ab bogen sie um einen Vorsprung und fuhren in eine Senke hinunter, die von Felswänden umgeben war. Die Grundfläche hatte offenbar nur für drei Häuser ausgereicht, die dicht beieinander standen. Die Straße endete hier. Sie stellten das Auto ab und stiegen aus. „Das sind ja richtige Hexenhäuschen", meinte seine Frau. Alle drei waren aus Fachwerk und alt, krumm, schief und verwinkelt, aber sorgfältig renoviert und mit ihrem Gebälk, den Butzenscheiben und den Schieferdächern ein anheimelnder Anblick. Aus dem ersten der Häuser traten jetzt die Freunde heraus und nahmen sie herzlich in Empfang.
Drinnen sorgte ein Kachelofen, der bis ins Obergeschoss hinaufreichte, für mollige Wärme, was bei dem kühlen Vorfrühlingswetter draußen sehr angenehm war. „Den mussten wir erst einbauen lassen." Voller Stolz zeigten die Besitzer ihr Haus und erklärten den Gästen die Neuerungen, die sie vorgenommen hatten, um es wieder bewohnbar zu machen. „Ganz billig war es nicht. Aber was soll's. Schließlich wollen wir hier unseren Lebensabend verbringen", sagte Erika. „Jetzt lasst uns aber erst mal etwas essen. Ihr werdet bestimmt Hunger haben nach der langen Fahrt. Horst muss sich nur noch um die Getränke kümmern."
„Wollt ihr mitkommen? Ich zeig euch unseren Keller." Horst führte die beiden aber nicht wie erwartet eine Treppe hinunter, sondern zur Haustür hinaus. „Dort ist

unser Frischhaltekeller. Alle, die in den drei Häusern wohnen, nutzen ihn zusammen."

Er wies über das Sträßchen hinüber, das sie gekommen waren. Auf der gegenüberliegenden Seite ragte grauweiß eine Felswand in die Höhe. An ihrem Fuß war eine Bucht ausgespart, in der sie ihr Auto gelassen hatten, in der Annahme, es handle sich um einen Einstellplatz. Sie gingen hinüber. Beim Aussteigen hatten sie nicht die hölzerne Tür bemerkt, die an der Rückseite der Bucht in die Felswand führte. Jetzt sahen sie auch, dass unter der Tür eine Rinne hervorkam, in der Wasser floss.

Klaus schloss die Tür auf und knipste das Deckenlicht an. Dann sahen sie das Becken.

Es lag im hinteren Teil des höhlenartigen Raumes und hatte einen Umfang von vielleicht zwei mal zwei Metern. An drei Seiten war es von den Wänden umgeben und wurde nach vorn von einem steinernen Rand oder Sims begrenzt, der aber schon stellenweise zerbröckelte.

Neugierig trat er näher. Er sah, dass es in der Ummauerung eine Öffnung gab, von der Stufen hinabführten. Der Wasserspiegel lag höchstens 20 oder 30 Zentimeter unter ihm. Im Licht der Glühbirne, die an der Decke hing, konnte er bis auf den Grund des Beckens sehen. Er war von gelblicher Farbe – Lehm oder irgendeine andere Substanz, die sich dort abgelagert hatte. Er kniete sich auf den Rand und schaute genauer hin. Das Wasser schien in Bewegung zu sein. In feinen Schleiern wurden Schwebstoffe über den Grund in eine bestimmte Richtung getragen. Er konnte nicht genau erkennen, was die Bewegung verursachte. Aber er vermutete, dass sich irgendwo ein Ausfluss befand, der der Strömung im Untergrund die Richtung gab. Die Rinne fiel ihm wieder ein, die sie am Eingang bemerkt hatten.

„Das sieht doch wie eine Mikwe aus“, hörte er seine Frau halblaut sagen, die hinter ihn getreten war. Er wusste, dass der Ausdruck etwas mit Juden zu tun hatte. Was er aber genau meinte, war ihm unbekannt.

„Und was ist das?“, fragte er. Er stand auf und klopfte sich die Hosenbeine ab, die beim Hinknien staubig geworden waren.

Statt ihm zu antworten, wandte sie sich an den Freund, der sie hereingeführt hatte. „Horst, weißt du, was das hier in eurem Keller ist?“

„Eine Quelle natürlich. Ich sagte ja schon, dass der Grund hier sehr wasserreich ist. Deshalb haben die Häuser auch keine Keller. Stattdessen gibt es diesen Raum. Wir teilen ihn uns mit den Nachbarn und lagern hier die Getränke und manchmal auch Obst und Gemüse.“ Er wies auf die Kisten und Regale, die rechts und links vom Eingang standen. „Sogar Fleisch oder Fisch hält sich für eine Weile. Und Sauerkraut. Die Nachbarn haben ein ganzes Fass voll in der Ecke stehen. Hier drinnen ist es immer kühl, selbst im heißesten Hochsommer. Aber was sagtest du, was das sein soll? Wie war noch gleich der Ausdruck?“

„Eine Mikwe“, wiederholte sie. „Ein jüdisches Tauchbad. Gerade ist eins in unserer Stadt beim Umbau der

Synagoge eingerichtet worden. So stand es jedenfalls in der Zeitung. Leider hat man es uns nicht gezeigt. Ich habe aber schon mal eine Mikwe gesehen, als ich auf einer Religionslehrer-Tagung in Worms war und wir durch das alte Judenviertel geführt wurden. Seht mal die Stufen! Das könnte ein Beweis sein. Die wären doch gar nicht nötig, wenn das hier nur eine Wasserschöpfstelle wäre. Das könnte man leicht vom Rand aus besorgen. Die Stufen waren für die Frauen da, damit sie ins Wasser steigen und die rituellen Waschungen vornehmen konnten, nach der Menstruation, als Braut oder nach einer Entbindung. Und das Wasser, das als verunreinigt galt, wurde über eine Rinne nach draußen geführt, wie das ja wohl immer noch geschieht." Sie wies zum Eingang hin. „Deshalb war es auch wichtig, eine Quelle zu finden, die eingefasst und mit einem Abfluss versehen werden konnte, damit sich das Wasser ständig erneuerte. Hat es denn hier in der Gegend eine jüdische Gemeinde gegeben?"
Horst zuckte die Achseln. „Ich weiß nichts darüber, wirklich nicht. Wir interessieren uns auch nicht besonders für so etwas. Wir kommen ja nicht aus der Gegend, und unsere Nachbarn auch nicht. Wir haben nur mal gehört, dass jemand von unseren Häusern als ‚Judenhäusern' sprach, damals, als sie zum Verkauf standen. Aber das ist auch schon alles, was ich dazu sagen kann."
Später saßen sie beim Essen. Die Freunde hatten ein Fischgericht zubereitet – Forellen, die aus einer Zucht stammten, die ihr Wasser aus den zahlreichen Quellen

im Tal erhielt. Dazu gab es einen leichten Weißwein, den sie aus dem Felsenraum mitgenommen hatten. Sie tauschten Erinnerungen an Reisen aus. Aber immer wieder kam das Gespräch auf die Entdeckung von vorhin. Oder genauer: Er war es, der einfach nicht davon loskam.

Er fragte seine Frau, was sie sonst noch über das Ritualbad wisse. Aber es war nicht viel mehr, als sie bereits gesagt hatte. Er wollte es kaum glauben, dass die Freunde keine Informationen darüber hätten, ob früher hier Juden ansässig waren. Er war enttäuscht, von ihnen nichts weiter erfahren zu können, und malte sich aus, was alles passieren würde, wenn die Entdeckung bekannt würde.

„Stellt euch mal vor, was dann hier los ist! Die Leute werden kommen, um die Mikwe zu sehen. Die Zeitungen werden darüber berichten – ‚Jüdisches Ritualbad entdeckt. Wie konnte es so lange verborgen bleiben?' Wenn man sich das vorstellt, da habt ihr so etwas vor der Tür und wisst gar nicht, was es ist!“ Er war noch immer ganz aufgeregt.

„Vielleicht gibt es ja noch mehr solcher Bäder, die auch nicht bekannt sind. Und überhaupt: Ob das wirklich so etwas Besonderes ist?“ Erika schien nicht überzeugt. „Ich weiß jedenfalls, dass es früher hier überall in den Dörfern Juden gegeben hat. Meine Eltern haben manchmal davon erzählt.“

„Und nicht nur Gutes. Die haben die Bauern damals ganz schön ausgenommen. Aber das darf man ja heute nicht laut sagen“, fügte Horst hinzu.

Das waren ungewohnte Töne. Erstaunt sah er den Freund an. Aber bevor er etwas erwidern konnte, griff seine Frau ein.

„Ich denke, wir lassen das Thema jetzt lieber“, sagte sie. „Wir haben genug darüber geredet. Ich finde es ja auch spannend, dass sich hier so eine Anlage befindet. Aber wer weiß, wie lange sie schon da ist, wenn es wirklich eine Mikwe ist. Und Hauptsache ist doch, dass sie nicht beschädigt wird. Einen Verwendungszweck habt ihr ja schon gefunden. Eine Sauerkrauttonne in der Mikwe, das muss man sich mal vorstellen! Das sollte man besser nicht weitererzählen.“ Sie lachte.

„Aber mal was anderes. Ist es denn sicher, dass ihr im nächsten Sommer nach Norwegen fahrt?“ Es war deutlich, dass sie das Thema wechseln wollte.

Als Horst und Erika mit dem Geschirr in der Küche verschwanden, stieß ihn seine Frau an.

„Nun lass aber gut sein“, sagte sie. „Hör endlich auf, über die Mikwe zu reden! Merkst du denn nicht, dass die beiden damit Schwierigkeiten haben?“

„Aber wieso denn?“, fragte er verwundert zurück. „Sie sollten sich doch eigentlich freuen, so etwas hier zu haben. Ich an ihrer Stelle wäre jedenfalls begeistert.“

„Das bezweifle ich aber sehr!“, sagte sie mit Nachdruck. „Was würdest du wohl sagen, wenn auf einmal dauernd Leute vor der Tür ständen und etwas sehen wollten, was sich auf deinem Grundstück befindet? Vergiss bitte nicht, dass die beiden hierher gezogen sind, um ihre Ruhe zu haben. Sie müssen es schließlich

selbst wissen, wie sie mit dieser Sache umgehen. Besser jedenfalls, wir mischen uns da nicht ein."
„Das sehe ich aber etwas anders. Ich meine jedenfalls ..." Bevor er allerdings seine Sicht darlegen konnte, kamen Horst und Erika wieder in den Raum. Seine Frau sah ihn beschwörend an, und er verzog das Gesicht. Aber er sagte nichts mehr zur Mikwe.
Sie blieben noch ein paar Stunden, bis es Abend wurde. Dann mussten sie los. Sie wollten noch nach Hause fahren, was bedeutete, dass einige Hundert Kilometer vor ihnen lagen.
Zum Abschied kam er dann doch noch einmal auf die Mikwe zu sprechen. „Versucht doch mal herauszufinden, ob sie auf irgendwelchen alten Lageplänen eingetragen ist, falls ihr an solche herankommen könnt", sagte er. „Und ob es eine jüdische Gemeinde im Ort unten gegeben hat und was aus ihr geworden ist. Ihr wisst ja, dass ich über die Nazizeit geforscht habe", fügte er fast entschuldigend hinzu. „Da interessiert mich das einfach."
„Ich kann's ja versuchen", sagte Horst. „Aber versprechen will ich dir nichts. Schließlich bin ich kein Historiker, sondern komme aus der Werbebranche." Dass er seine berufliche Qualifikation nicht für die Mikwe einsetzen werde, war inzwischen auch dem Freund klargeworden.
„Wenn wir nach Hause kommen, werde ich mal im Internet nachschauen, ob ich da etwas finde", sagte er später zu seiner Frau, während sie durch die Nacht fuhren. „Vielleicht ist die Mikwe ja längst bekannt und

in irgendwelche Verzeichnisse aufgenommen, ohne dass die beiden es je erfahren haben. Dann gäbe es gar keinen Grund mehr, sich den Kopf darüber zu zerbrechen, ob man sie bekannt machen soll oder nicht."
„Dann guck nach, wenn es dir wirklich so wichtig ist", sagte sie kurz. An der Freundschaft zu Horst und vor allem zu Erika lag ihr viel, wie er wusste.

Sobald er Zeit fand, setzte er sich zu Hause an seinen PC. Zuerst gab er ‚Mikwe' ein und fand bestätigt, was seine Frau darüber gesagt hatte. Neu war, dass auch Männern unter bestimmten Voraussetzungen beziehungsweise bei besonderen Gelegenheiten der Besuch einer Mikwe gestattet war, allerdings nicht mit den Frauen zusammen. Dass die christliche Taufe in einem historischen Zusammenhang mit dem rituellen Reinigungsbad stand, leuchtete ihm ein.
Mehr und mehr begann der Gegenstand, ihn zu fesseln. „Reinstes lebendiges Wasser" musste es nach der Aussage eines Rabbiners sein, das in der Mikwe Verwendung fand. Das erklärte auch die Bevorzugung von Quellen. Schließlich erfuhr er, dass das uralte und dem orthodoxen Judentum zugerechnete Ritual heute eine Wiederbelebung erfuhr und auch in nicht strenggläubigen, liberalen jüdischen Gemeinden praktiziert wurde. Die Neueinrichtung einer Mikwe durch die jüdische Gemeinde in ihrer Heimatstadt war offensichtlich keine Ausnahme.
Das (virtuelle) Aufsuchen des Dorfes, zu dem das Haus der Freunde gehörte, führte zu weiteren Erkenntnis-

sen. Tatsächlich hatte dort bis ins letzte Jahrhundert eine kleine jüdische Gemeinde existiert. Die Synagoge war längst abgebrochen, von einer Mikwe nirgends die Rede. Insgesamt schien wenig über die Gemeinde bekannt zu sein, die offenbar gänzlich verschwunden war. Es folgte die Bitte um sachdienliche Hinweise, unter Angabe einer Mailadresse.

Er druckte die Texte aus und las sie noch einmal sorgfältig durch. Er schloss die Augen. Vor sich sah er ein Bild. Das Tal herauf kam vom Dorf her ein fröhlicher Hochzeitszug, die festlich geschmückte Braut in der Mitte. Die Frauen der Familien, die in den ‚Judenhäusern' wohnten, hatten alles vorbereitet. Während die Männer draußen warteten und sich die Zeit vertrieben, betraten die Frauen den Felsenraum und nahmen die traditionellen Reinigungszeremonien vor, wobei es fröhlich und laut zuging. „Die Braut wird beim Eintauchen mit Bonbons beworfen und besungen", hieß es in dem ‚Mikwe'-Text. Das Gewölbe, in dem heute Wein und Gemüse lagerten, hallte wider vom Rufen und Lachen der weiblichen Stimmen.

Er berichtete seiner Frau, was er herausgefunden hatte.

„Die Öffentlichkeit hat einen Anspruch darauf, von der Mikwe zu erfahren", sagte er bestimmt. „Überall sonst wird nach Spuren jüdischen Lebens gesucht und das, was gefunden wird, sorgfältig registriert und erhalten. Es ist wenig genug, bei allem, was vernichtet wurde. Und da gibt es eine noch völlig intakte Mikwe, die geheim gehalten werden soll, nur weil unsere Freunde

nicht gestört werden wollen? Das kann ich nicht akzeptieren. Sie haben kein Recht auf solche Rücksichtnahme. Das musst du doch verstehen!"
„Und was ist dir die Freundschaft zu den beiden wert?", fragte sie scharf zurück. „Du glaubst doch nicht im Ernst, dass es zwischen uns bleibt, wie es war, wenn wir ihnen die Reporter auf den Hals hetzen. Sie haben uns etwas gezeigt, was nur für unsere Augen bestimmt war. Wenn wir die Information ohne ihre Einwilligung weitergeben, ist das nichts anderes als ein Vertrauensbruch. Und ihre Einwilligung werden sie nicht geben. Das haben sie ja wohl deutlich genug gemacht."
„Aber was sollen wir denn nun tun?", fragte er ratlos …

„Verehrter Leser, los, such dir selbst den Schluß!
Es muß ein guter da sein, muß, muß, muß!"
[Bertolt Brecht, Der gute Mensch von Sezuan (Epilog)]

Am 3. Februar dieses Jahres sind in Osnabrück die Synagoge und das jüdische Gemeindezentrum wiedereröffnet worden. Der vorangegangene Umbau wurde auch dazu genutzt, im Keller eine Mikwe einzurichten, ein „Tauchbad für rituelle Waschungen" (Neue Osnabrücker Zeitung, 5. 2. 2010).
Um Missverständnissen vorzubeugen, sei darauf hingewiesen, dass der Ort, an dem sich laut Erzählung (möglicherweise, wahrscheinlich) eine frühere Mikwe befindet, außerhalb des Osnabrücker Landes liegt.

Soldat Christi

„Also alles mal herhören!"

Der Uniformierte sprach mit schneidender Stimme. Er hatte sich vor den Jungen aufgebaut, die Füße in den blank gewichsten Stiefeln auseinandergestellt und die Hände in die Hüften gestemmt. Dabei wippte er auf den Fußballen. Kurt beobachtete es fasziniert. Komisch, dass Redner das tun, dachte er. Warum eigentlich? Er hätte gern weiter darüber nachgedacht, aber er wollte auch wissen, worum es eigentlich ging. Daher zwang er sich wieder zum Zuhören.

„... aus dem Ostarbeiterlager zwei Russen entlaufen", beendete der Redner gerade einen Satz. „Heute Nacht haben sie sich unter dem Zaun durchgegraben, und vorhin hat sie einer oben im Wald gesehen. Ihr wisst hoffentlich, was das bedeutet. Sie werden stehlen, plündern und morden, wenn sie Gelegenheit dazu finden. Wir behandeln sie ja gut, weil wir Deutschen nun mal anständig sind. Aber sie danken es uns nicht. Im Gegenteil, sie hassen uns. Frauen und Kinder sind jetzt in größter Gefahr. Ich brauche euch!" Er machte eine Pause.

„Weißt du, wer das ist?", fragte Kurt leise seinen Nebenmann. „Ja. Er kommt von der Hütte. Er ist dort Werkschutzführer." Manfred, genannt Manni, wusste immer Bescheid, wenn es darum ging, wer etwas darstellte.

„Ihr seid doch beim Jungvolk", fuhr der Redner fort. „Da kennt ihr euch ja wohl im Gelände aus. Wir bilden eine Schützenkette und durchkämmen den Wald. Die Jungenschaftsführer gleich her zu mir! Sie sind mir für euch verantwortlich. Eure Lehrer lassen wir besser hier in der Schule, da bringen sie uns wenigstens nichts durcheinander. Und jemand muss ja auch auf die Mädels aufpassen."
Er grinste, und die Jungen grölten. „Also jetzt raus mit euch! In fünf Minuten Abmarsch!"

„Mensch, haben wir ein Glück!" Manni boxte Kurt in den Rücken, als er sich an ihm vorbeidrängte. „Statt Rechnen Russen fangen im Wald! Da sollten wir uns mal nicht zu sehr beeilen. Aber ich muss zum Werkschutzführer. Wir sehen uns nachher!"
Manni war Jungenschaftsführer und hatte eine Gruppe von 15 Pimpfen unter sich. Kurt mochte den Ausdruck nicht. Er machte einen so klein, fand er. Wie die meisten in seiner Altersgruppe wartete er ungeduldig darauf, demnächst in die HJ aufgenommen zu werden und endlich Hitlerjunge zu sein.
Auf dem Flur warteten die Mädchen. Sie würden natürlich nicht an der Aktion teilnehmen, das war nur etwas für Männer. Schade eigentlich, dachte Kurt. Das wäre doch eine Gelegenheit gewesen, mit Agnes zusammenzukommen. Kurt war in Agnes verliebt, aber wahrscheinlich wusste sie es gar nicht. Sie stand bei den anderen Mädchen. Sie alberten mit den Jungen herum, die sich vor ihnen aufspielten. Kurt stellte sich abseits.

Er schaute heimlich zu ihr hinüber, aber sie schien es nicht zu bemerken. Gerade ging Manni an ihr vorbei und sagte etwas zu ihr. Sie tat, als wolle sie nach ihm schlagen, aber lachte ihn dabei an. Kurt wandte sich ab.
Mit den anderen ging er nach draußen, wo sich inzwischen die Männer versammelt hatten, denen die Jungen zugeteilt werden sollten. Einige gehörten wie der Redner zum Werkschutz. Andere trugen SA- oder die Wehrmachts-Uniform. Die meisten der Werkschutz- und SA-Männer waren Kurt bekannt, da sie aus dem Ort stammten. Von den Soldaten nahm er an, dass sie zum Lazarett gehörten, das in den Gebäuden des aufgelösten Klosters eingerichtet worden war. Bei den Insassen handelte es sich überwiegend um leicht Verwundete, die man häufig durchs Dorf gehen sah. Jetzt waren wohl einige von ihnen zur Suche abkommandiert worden.
Die Männer waren mit Gewehren bewaffnet, einige trugen auch Pistolen. Die Jungen wurden mit Holzknüppeln versehen. Da die vorhandenen bei Weitem nicht ausreichten, forderte man sie auf, sich im Wald selber welche zu besorgen. Dann gingen die Gruppen los.
Das Waldstück, das sie durchkämmen sollten, begann gleich oberhalb des Dorfes. Es zog sich über eine Anhöhe hin, die früher für Bergbau und Steinbruch genutzt worden war. Das Terrain war unübersichtlich und bot viele Möglichkeiten, sich zu verstecken, wie die Jungen wohl wussten. Sie machten dort häufig

Geländespiele. Das war wohl mit ein Grund dafür, dass man jetzt auf sie zurückgriff. Abgesehen davon gab es auch einfach nicht genügend Männer im Dorf, die man hätte einsetzen können. Soweit sie nicht an der Front standen, arbeiteten sie im Hüttenwerk oder auf den Feldern.

Der ganze Ort war jetzt in Bewegung. Frauen kamen aus den Häusern und wollten wissen, wohin die Jungen unterwegs wären, wenn sie es nicht schon erfahren hatten. Manche steckten ihren Söhnen etwas zu essen zu, denn es war ja nicht abzusehen, wie lange der Einsatz dauern würde. Andere brachten eine warme Jacke oder festere Schuhe mit, denn der Tag war kühl und der Boden matschig vom Regen der letzten Tage.

Kurt sah seine Mutter auf sich zukommen. Sie gab ihm einen Brotbeutel, der noch vom Vater stammte und den er sich an den Gürtel hängen konnte. „Ich hab dir ein paar Butterbrote gemacht“, sagte sie, „und einen Apfel dazugesteckt. Pass gut auf dich auf. Und seid nicht zu hart zu den Männern, wenn ihr sie findet. Es sind doch auch Menschen.“ Kurt schaute sich um, ob ihnen jemand zuhörte. Aber niemand achtete auf sie. „Ich pass schon auf, Mutter“, sagte er und berührte sie flüchtig am Arm. Wenn sie mich bloß nicht noch vor den anderen küsst, dachte er. Aber sie machte nur verstohlen das Kreuzzeichen über ihm, bevor sie sich abwandte und ging. Sie kannte seine Empfindlichkeit.

Am Rande des Gehölzes wurde ihnen befohlen, eine Schwarmlinie zu bilden, das heißt, sich im Abstand von

etwa dreißig Metern aufzustellen und dann gleichzeitig in den Wald vorzudringen. Ihre Gruppe wurde von einem älteren SA-Mann aus dem Dorf geführt, der vom Ersten Weltkrieg her ein steifes Bein hatte und daher Manni gern die Einteilung überließ. „Wenn ihr auf die Entlaufenen stoßt, dann spielt bloß nicht die Helden", sagte er noch, bevor sie sich verteilten. „Schreit so laut ihr könnt und überlasst das Übrige den Männern!" Einige der Jungen verzogen das Gesicht. Es missfiel ihnen, wieder mal nicht für voll genommen zu werden.
„Also eins weiß ich: Wenn ich auf die beiden stoße, dann hau ich drauf!" Manni hob den Knüppel, den er sich zugelegt hatte, und ließ ihn durch die Luft sausen. Der SA-Mann war inzwischen weitergegangen. „Wir bleiben zusammen. Ich mach dich zu meinem Adjutanten. Wir gehen in der Mitte, damit ich nach beiden Seiten den Überblick behalte." Manni hatte das Kommando übernommen, wie immer. Aber das war Kurt von dem Freund gewöhnt.
Die Jungen rückten vor. Dabei bemühten sie sich nicht, leise zu sein, im Gegenteil. Sie verständigten sich durch laute Zurufe und hieben auf das Buschwerk ein, das in ihrem Weg stand, als erwarteten sie unter jedem Strauch die Entflohenen. Das Tempo beschleunigte sich. Jeder wollte der Erste sein. „Langsamer, Herrgott nochmal!", brüllte hinter ihnen der SA-Mann, der nicht mehr mitkam. Aber die Jungen achteten nicht auf ihn. Manni und Kurt rannten hin und her, um zu erreichen, dass die Gruppe zusammenblieb und die Linie nicht aufbrach. Ab und an verständigten sie sich kurz. „Sie

sollen auch auf die Bäume achten“, rief Manni Kurt zu, als sie wieder einmal zusammentrafen. „Es könnte ja sein, dass die Russen auf die Bäume gestiegen sind, und keiner guckt nach oben.“ „Und wie sollen wir sie da runterkriegen?“, fragte Kurt. „Einfach den Baum absägen, was sonst?“ Manni lachte über sein ganzes verschwitztes Gesicht, als er Kurts Erstaunen sah. „Oder wenn das zu lange dauert: Runterschießen, die Vögel! Schade, dass mein Vater nicht hier ist! Der wüsste, was man da machen muss.“ Er rannte weiter.
Auch Kurt hatte zunächst das Jagdfieber gepackt, und er war mit den anderen losgestürmt. Aber er war der Erste gewesen, der erkannte, dass sie gebremst werden mussten, und der dafür sorgte, dass die Jungen jetzt langsamer vorrückten. Was machen wir eigentlich, wenn wir wirklich auf die beiden Russen stoßen? Das fragte er sich. Von „Draufhauen“ hatte der Freund gesprochen, und er traute ihm das auch ohne Weiteres zu. Manni träumte davon, in die Fußstapfen des Vaters zu treten, der der Waffen-SS angehörte. Kurts Vater war bei der Wehrmacht gewesen und vor zwei Jahren im Osten gefallen. Er war nicht gern Soldat gewesen, wusste der Sohn von der Mutter. Und in der Partei war er auch nicht gewesen. Manchmal beneidete Kurt den Freund um seinen Vater, den Helden, der auf dem Balkan Partisanen jagte.
„Die Russen haben doch deinen Vater auf dem Gewissen“, hatte ihm Manni vorhin noch gesagt. „Denk dran, wenn wir die beiden Kerle erwischen. Ich lass dir den Vortritt.“

Aber wollte er sich überhaupt rächen? Manchmal wurden Fremdarbeiter in Kolonnen durchs Dorf geführt. Er hatte gesehen, wie zerlumpt ihre Kleidung war und wie ausgemergelt die Gesichter. Manche bettelten im Vorübergehen verstohlen um etwas zu essen, indem sie die Hände mit bittender Gebärde ausstreckten. Sollte man diese Menschen hassen? Einige schienen noch jung zu sein, nicht viel älter als er. Was konnten sie für den Tod des Vaters?

„Sie sind doch auch Menschen", hatte die Mutter vorhin gesagt. Kurt war vor einem Jahr zur Firmung gegangen, weil der Mutter so viel daran lag. Er hatte deshalb im Jungvolk viel Spott einstecken müssen. „Betschwestern" hatte man ihn und die anderen genannt, die sich auch firmen ließen. Dennoch war er regelmäßig zur Katechese gegangen und hatte sich schließlich vom Bischof die Hand auflegen lassen. Der hatte zu den Jungen vom Vorbild der Märtyrer gesprochen – „Soldaten Christi" sollten sie werden. Das hatte ihm gefallen. Ja, Soldat wollte er werden, wie die anderen im Jungvolk auch. Tapfer, mutig und treu, ein Kämpfer! Über das, was der Zusatz ‚Christi' bedeutete, hatte er versucht, möglichst wenig nachzudenken. Aber es ließ sich nicht verdrängen.

„Aufschließen!", erklang von hinten die Stimme des SA-Mannes, der jetzt diejenigen antrieb, die hinter die anderen zurückgefallen waren. Keuchend kam er heran und stellte sich zu Kurt und Manni, die am Rand eines tiefen Steinbruchs Halt gemacht hatten „Da muss wohl jemand hinunter", sagte er. „Macht ihr das

vielleicht? Meinem Bein will ich das nicht zumuten. Nehmt ein paar von den Jungs mit! Ich bleibe mit den anderen hier oben als Sicherung."
Sie stiegen mit drei anderen Jungen hinunter in den Steinbruch und suchten ihn gründlich ab. Aber sie fanden keine Spur von den Entflohenen. Enttäuscht fluchte Manni vor sich hin. Kurt dagegen atmete auf, als sie schließlich die Suche abbrachen. Er wusste immer noch nicht, was er machen würde, sollten ihm die Russen über den Weg laufen.
„Die sind uns wohl durch die Lappen gegangen", sagte der SA-Mann, als sie wieder oben waren. „Wahrscheinlich waren sie schon längst raus aus dem Wald, als wir noch gar nicht mit der Suche angefangen hatten. Macht nichts, nach Russland kommen die jedenfalls nicht! Unsere Leute werden sie schon irgendwann kriegen. Und dann möchte ich nicht in ihrer Haut stecken!"
Vor ihnen ertönte auf einmal Gebrüll und Geschrei. „Sie haben sie!", schrie jemand, und alle rannten los. Bis zum Waldrand war es nicht mehr weit. Die anderen, die nicht durch den Steinbruch aufgehalten worden waren, hatten ihn längst erreicht und begonnen, das Gelände um den Friedhof herum abzusuchen, der dort zwischen Wald und Dorf lag. In einem baufälligen Geräteschuppen hatten sie dabei die beiden Entflohenen entdeckt.
Als die Jungen von der Steinbruchgruppe herankamen, war die Bestrafung schon im vollen Gange. Die beiden Männer lagen zusammengerollt am Boden, um sich

vor den Tritten und Hieben zu schützen, die auf sie niederprasselten. Manni drängte sich durch die Herumstehenden und beteiligte sich am Schlagen, bis der Werkschutzleiter „Genug!“ schrie. Die beiden Männer wurden hochgerissen. Schwankend standen sie da, während sich unter ihnen eine Blutlache bildete. Ihnen wurden die Hände auf dem Rücken zusammengebunden, bevor man sie in Richtung Lager trieb. „Wenn die Schweine geglaubt haben, wir werden sie auch noch fahren, dann haben sie sich aber getäuscht“, rief der Werkschutzleiter den Versammelten zu. „Die sollen hübsch laufen. Im Lager werden wir sie uns noch einmal vornehmen, damit auch die anderen begreifen, dass Abhauen sich nicht lohnt. Danke, Kameraden und Jungvolkjungen! Ich spreche euch meine Anerkennung aus. Ihr habt eure Pflicht getan. Heil Hitler!“ Dann verschwand er mit seinen Männern.

Die anderen gingen ins Dorf hinunter. „Hast du das gesehen?“, fragte Manni. „Denen hab ich’s aber gegeben. Guck mal, ich glaube, an meinem Knüppel ist richtig Blut! Weshalb hast du nicht mitgemacht?“ Er wartete die Antwort nicht ab, sondern redete weiter.

Kurt ging schweigend neben ihm her. Aber die Stimme in seinem Kopf wollte nicht verstummen.

„Warum hast du ihn nicht zurückgehalten?“, fragte sie. „Warum hast du ihm nicht gesagt, dass er Unrecht tut? Wo warst du, als du gebraucht wurdest, Soldat Christi?“

Als Vorlage für diese Erzählung diente ein Interviewtext, der in der Dokumentation ,Das Arbeitserziehungslager Ohrbeck bei Osnabrück' (vgl. o.) auf S. 88 veröffentlicht wurde.

Knöpfe

„Einen größeren Stinkstiefel kannst du dir nicht vorstellen“, sagte mein Freund. „Stell dir vor, wir waren gerade eingezogen, der Garten noch nicht angelegt, kein Zaun drum herum. Da stand er auf einmal auf unserer Terrasse und klopfte an die Scheibe, und als wir aufmachten, kam er gleich rein ins Zimmer. Und dann hat er uns was erzählt, in seinem breiten Dialekt! Der Baumeister taugte nichts, der würde am Zement sparen und viel zu viel Sand nehmen. Der Heizungskeller, wo die Öltanks stehen, hätte nur einen Anstrich bekommen statt zwei, und er hätte schon seinen Rechtsanwalt eingeschaltet. Und so ging es weiter und weiter, bis wir ihn irgendwie losgeworden sind. Wie wir das geschafft haben, weiß ich nicht mehr.
Zum Glück wohnte er ja nicht direkt neben uns in der Reihe, sondern ein paar Häuser weiter.
Die nächsten Jahre gab es dann laufend Streit zwischen ihm und den Nachbarn. Im Frühjahr war es ein Haselnussbusch im Garten nebenan, der ihn angeblich krank machte. Er ließ sich vom Arzt bestätigen, dass er eine Pollenallergie hätte, und der Busch musste weg. Im Sommer wollte er das Grillen ringsum verbieten lassen, wegen Geruchsbelästigung. Blätter, die im Herbst in seinen Garten flogen, waren auch ganz was Schlimmes, und im Winter war er natürlich der Einzige, der ordentlich Schnee fegte oder streute, während die Nachbarn nicht ihre Pflicht taten und darum angezeigt

werden mussten. Kinder, die draußen mit dem Rutschauto übers Pflaster bollerten oder Fußball spielten, machten ruhestörenden Lärm, und wehe, irgendwer mähte mittags zwischen eins und drei oder nach acht Uhr abends den Rasen! Dann rief er gleich die Polizei. Wie oft die wegen ihm in die Siedlung gekommen ist, möchte ich nicht wissen. Wahrscheinlich mussten sie wegen ihm ein Sonderdezernat einrichten. Und von seinem ständigen Prozessieren haben einige Rechtsanwälte bestimmt gut leben können.
Mich schien er irgendwie sympathisch zu finden, leider! Vielleicht lag es ja auch daran, dass sonst kaum noch jemand mit ihm sprach. Jedenfalls immer, wenn er mich sah, stürzte er auf mich zu und verwickelte mich in ein Gespräch, das meistens sehr lange dauerte. Das heißt, Gespräche waren es eigentlich nicht, sondern er redete, und ich hörte zu. Er kam aus einem Städtchen im Osten und hatte dort eine Textilfabrik gehabt, wie er sagte. Der Vorbesitzer war Jude, aber er hatte ihn angeblich reell ausgezahlt, woran ich so meine Zweifel habe. Denn auf die Juden war er sonst gar nicht gut zu sprechen. Er hörte erst mit dem Geschimpfe auf, als ich mir das verbat und ihm sagte, dass ich über die Nazizeit forsche. Das war ihm wohl nicht ganz geheuer. Aber dann brüstete er sich damit, dass er kurz vor Kriegsende noch einen Wagen voll Wertsachen in den Westen gebracht hätte. Du kannst dir wohl denken, dass ich so meine Vorstellungen hatte, als er das erzählte. Von dem Erlös hat er dann hier einen Kleiderladen eröffnet. Der lief in der Nachkriegs-

zeit offenbar nicht schlecht. Die Leute konnten ja alles gebrauchen. Als ihm die Stadt später ein Angebot machte, weil sie das Grundstück wollte, hat er das Geschäft aufgegeben und sich von dem Geld zur Ruhe gesetzt ...

Hast du schon mal von Leuten gehört, die Knöpfe sammeln?“, wollte mein Freund plötzlich wissen.

Ich schüttelte den Kopf.

„Ich auch nicht“, sagte er. „Bis dahin jedenfalls. Aber dann passierte Folgendes: Eines Tages fing er mich wieder mal ab. Mitten im Gespräch über sonst was fragte er plötzlich, ob ich seine Knopfsammlung haben wolle. Ich muss ihn wohl etwas merkwürdig angesehen haben, jedenfalls fing er an, es mir zu erklären. Er hätte noch eine Knopfsammlung aus der alten Heimat, die wäre bestimmt was wert. Er hätte in der Zeitung gelesen, ich setzte mich dafür ein, dass eine Gedenkstätte eingerichtet werde. Da könne ich doch die Knopfsammlung verkaufen und das Geld dafür verwenden. Ich war völlig baff, muss ich schon sagen. Der Herr Rabelow und spenden für eine Gedenkstätte, die an Nazi-Opfer erinnern soll! Jedenfalls habe ich mich damit herausgeredet, ich müsse mich erst mal informieren, wie man die Knöpfe verkaufen kann, und bin ihm danach aus dem Weg gegangen.

Das war auch nicht schwierig, denn man traf ihn die letzte Zeit über kaum noch. Er war schwer krank, Krebs, und man sah es ihm auch an, Chemo, Haarausfall und so weiter. Da tat er mir doch leid, der arme Kerl. Dann sagte irgendjemand, dass der Herr Rabelow

im Krankenhaus liege. Schließlich stand die Todesanzeige in der Zeitung. Ich kann nicht sagen, dass ich besonders traurig war, als ich sie las. Den Nachbarn ringsum ging es nicht anders. Das war schon herauszuhören, wenn man mit ihnen darüber sprach. Obwohl, irgendwas fehlt, sogar wenn so jemand verschwindet. Da waren wir uns schon einig.
Die Knöpfe hatte ich längst vergessen. Aber jetzt stell dir vor, heute Morgen bekomme ich Post vom Notar. Und was meinst du, was darin steht?"
„Wahrscheinlich, dass er dir seine Knopfsammlung vermacht hat", sagte ich.
„Richtig. Genau das! Aber kannst du mir sagen, warum er das getan hat? Ich versteh es nämlich immer noch nicht. Und was soll ich um Himmels willen jetzt mit der Knopfsammlung anfangen?"

Die Erzählung greift Zusammenhänge auf, über die der Verfasser aus dem Bekanntenkreis informiert wurde. Was inzwischen aus der Knopfsammlung geworden ist, entzieht sich seiner Kenntnis.

Willy

Sie feierten in kleinem Rahmen.
Aber schließlich war es kein runder Geburtstag. Die Großmutter war fünfundachtzig geworden. Die Mutter war einige Tage vorher zu ihr gefahren und hatte bei den Vorbereitungen geholfen. Er selbst hatte sich nur einen halben Tag freinehmen können, da das Projekt, in dem er mitarbeitete, gerade in eine entscheidende Phase getreten war. Zum Glück lag seine Universität nicht weit von dem Ort entfernt, in dem die Großmutter lebte, und so war er nachmittags eingetroffen.
Die Gäste waren bereits gegangen. Die Großmutter hatte einige der Mitbewohner zum Kaffee da gehabt, und auch die Heimleitung und der Pastor hatten hereingeschaut. Nun war sie froh, dass alles vorbei war. Aber sie freute sich sichtlich über das Kommen des jüngsten Enkels, der ihr einen Kuss gab und einen Strauß Frühlingsblumen überreichte.
„Schön, dass du es dir einrichten konntest", sagte sie. „Deine Mutter hat dich ja schon angekündigt. Aber sie hat auch gesagt, dass du zurzeit viel arbeiten musst. Vergiss darüber bloß nicht, dass es auch noch was anderes gibt." Das war eine Anspielung darauf, dass er im Augenblick keine Freundin hatte.
„Und was sollte das sein? Aber im Ernst, das mit dem Arbeiten stimmt schon", sagte er. „Aber einer von den Enkeln musste ja wohl kommen, wo wir doch früher immer alle an deinem Geburtstag da gewesen sind. Die

Blumen sind übrigens von uns dreien. Haben sich die anderen schon gemeldet?“

Er setzte sich zu den beiden Frauen, ließ sich Kaffee einschenken und nahm von dem Kuchen, den sie ihm aufgehoben hatten. Währenddessen erzählte die Mutter, wie der Tag bisher verlaufen war. Die Brüder hatten auch schon angerufen. Beiden ging es gut, und die Kinder waren gesund, was vor allem die alte Frau zu beruhigen schien. Sonst beschränkte sie sich aufs Zuhören und warf nur hin und wieder eine Bemerkung ein. Sie war müde, das war deutlich.

Doch nach einer Weile wurde sie wieder lebhafter. Sie begann zu erzählen, wie sie früher die Geburtstage gefeiert hatten, als sie noch ein junges Mädchen war und auf dem elterlichen Hof lebte. Sie erinnerte sich an Geschenke, die sie erhalten hatte, an ihr Lieblingsessen, das es an diesem Tag gab, und an Freundinnen, die sie einladen durfte. Nach dem Kaffeetrinken hatten sie dann draußen gespielt.

„Und der Willy hat immer am Fenster gestanden und gelacht“, sagte sie.

Willy war ein Bruder der Großmutter gewesen und im Krieg gefallen, wusste er. Aber warum hatte er am Fenster gestanden und war nicht bei den anderen draußen gewesen? Er fragte die Großmutter danach.

Sie presste die Lippen zusammen. „Warum willst du das denn wissen?“, fragte sie zurück. Die Stimme klang auf einmal scharf. „Das sind doch alte Geschichten. Das interessiert doch heute keinen mehr. Ich will nicht mehr darüber sprechen!“

Erstaunt blickte er sie an. Er hatte sie bisher immer als freundliche alte Frau erlebt, die mit großer Geduld auf die Enkel einging und nichts übel nahm. Er wollte fragen, was er Falsches gesagt habe. Aber die Mutter gab ihm ein Zeichen, und er unterließ es. Sie wechselten das Thema.

Als er wieder gehen musste, bot die Mutter an, ihn zum Auto zu begleiten. Sie war den Tag über nicht nach draußen gekommen und wollte sich etwas die Beine vertreten. Er verabschiedete sich von der Großmutter, die noch einmal für seinen Besuch dankte. „Und komm bald mal wieder", sagte sie. Der Misston von vorhin schien vergessen.

„Was war denn vorhin eigentlich los?", wollte er von der Mutter wissen, sobald sie draußen waren. „So habe ich die Oma ja noch nie erlebt."

„Ich weiß es nicht", sagte die Mutter. „Vielleicht war die Erinnerung einfach zu schmerzlich. Vergiss auch nicht, dass sie heute einen ziemlich anstrengenden Tag hatte."

„Das weiß ich. Aber ich wollte doch nur wissen, warum der Bruder am Fenster gestanden hat und nicht draußen bei den anderen gewesen ist. Das hätte sie doch einfach erklären können. Mehr wollte ich ja nicht wissen."

„Über ihren Bruder spricht sie sonst nicht", sagte die Mutter. „Vielleicht ist ihr das vorhin nur so rausgerutscht. Und als es passiert war, tat es ihr leid."

„Was weißt du eigentlich über diesen Bruder?", fragte er jetzt. „Hat sie früher mal etwas über ihn erzählt?"

„Nein, nie. Du weißt ja, er ist im Krieg geblieben. Und das war wohl so ein Schock für die ganze Familie, dass darüber nicht gesprochen wurde."
„Weißt du denn wenigstens, wo er gefallen ist?"
„Auch nicht", sagte sie kurz. „Und bevor du weiterfragst, sage ich dir, wir sollten respektieren, dass die Oma darüber nicht sprechen möchte. Ich werde ihr jedenfalls keine Fragen stellen."
„Ist schon gut", sagte er. „Nun fang du nicht auch noch an, ärgerlich zu werden. Ich komm mir ja vor, als ob ich etwas ganz Schlimmes getan hätte. Mir tut's schon leid, dass ich vorhin gefragt habe. Es wird auch nicht wieder passieren."

Trotz dieser Zusicherung ließ ihn das Erlebte nicht los. Er sprach darüber mit den Brüdern, als er am Telefon vom Besuch bei der Großmutter berichtete. Aber auch sie rieten, nicht weiter zu fragen und der alten Frau ihre Ruhe zu lassen.
Er solle sich lieber auf seine Arbeit konzentrieren, sagten sie, statt auf einen längst verstorbenen Großonkel, nur weil der am Fenster gestanden und den Mädchen draußen zugelacht habe. „Du bist doch Psychologe. Da wirst du ja wohl herausfinden, warum er das getan hat." Sie nahmen den kleinen Bruder und sein Studienfach noch immer nicht ganz ernst.
Aber so schnell wollte er nicht aufgeben. Dass der Tod des Bruders für die Großmutter traumatisch gewesen sein musste, lag für ihn auf der Hand. Offensichtlich versuchte sie, die schmerzhafte Erfahrung zu verdrän-

gen, indem sie nicht darüber sprach. Aber das war nicht gut, wie in jedem Handbuch der Psychologie nachgelesen werden konnte. Und der Bruder war in ihren Gedanken immer noch präsent, sonst hätte sie ihn ja nicht erwähnt. Er könnte versuchen, mehr über den Toten herauszufinden. Vielleicht gab es einen Weg, um doch noch mit ihr über ihn zu sprechen. Vielleicht wäre es sogar möglich, miteinander das Grab aufzusuchen, damit sie wirklich Abschied nehmen könnte. Er wusste zwar nicht, wo es sich befand. Es mochte im Ausland liegen, in einem der damals besetzten Länder. Aber die Großmutter war ja für ihr Alter durchaus noch rüstig.

Bei der Mutter wollte er nicht noch einmal nachfragen. Sie hatte deutlich zu erkennen gegeben, dass sie sich mit dem Thema nicht mehr beschäftigen wollte. Er rief den Vater an. Aber der wusste nur wenig über die Familiengeschichte seiner Frau. „Zur Hochzeit haben wir die Verwandten nicht eingeladen. Die Großmutter wollte das so. Aber später sind wir mal auf dem Hof gewesen und haben ihren anderen Bruder kennengelernt, den Onkel deiner Mutter.

Ich erinnere mich noch, dass er sich beklagte, dass seine Schwester einen Mann von auswärts geheiratet hat und aus dem Dorf fortgezogen ist. So etwas war früher wohl nicht üblich. Da heiratete man im Dorf. Der Onkel ist lange tot. Ein Sohn hat den Hof übernommen, soviel ich weiß. Eigentlich ist es ja schade, dass kein Kontakt zwischen unseren Familien besteht. Fahr

doch mal hin. Vielleicht kannst du dort mehr über Willy herausfinden, wenn es dich so interessiert."
„Ja, mal seh'n", sagte er. „Aber erzähl Mutter besser nichts davon. Sonst regt sie sich nur wieder auf." Der Vater versprach es und nannte ihm auch die Adresse der Verwandten.

An einem der nächsten Wochenenden fuhr er zu dem Hof, der am Rand eines Dorfes lag. Er hatte sich vorher angemeldet und wurde freundlich empfangen.
Wie sich herausstellte, wurde der Hof inzwischen von der dritten Generation bewirtschaftet, seitdem die Großmutter fortgegangen war. Der jetzige Besitzer und entfernte Vetter machte ihn mit seiner Familie bekannt. Dann führte er ihn auf dem Hof herum, der ihm bisher nur von alten Fotos und aus den Erzählungen der Großmutter bekannt war. Seit ihrer Zeit hatte sich manches verändert. Aber das alte Wohnhaus wurde immer noch genutzt, und auch der Garten lag noch an derselben Stelle wie früher.
Er erzählte dem Vetter von dem Ausspruch der Großmutter. „Weißt du, wie sie das gemeint haben könnte?", fragte er
„Vom Opa hab ich gehört, dass das sein Zimmer war." Der Vetter wies auf ein Fenster, das auf den Garten hinausging. „Er ist wohl häufig krank gewesen. Es könnte ja sein, dass er dann am Fenster stand und den Mädchen zusah, die draußen im Garten spielten."
„Und was weißt du sonst über ihn?"

„Er ist jung gestorben, im Krieg." Dass er als Soldat gefallen sei, war dem Vetter allerdings unbekannt. Bilder von ihm besitze er auch nicht, beteuerte er. Wenn welche vorhanden gewesen seien, habe sie wohl die Schwester mitgenommen, als sie damals nach auswärts heiratete und das Dorf verließ. „Sie ist übrigens nie wieder zurückgekommen auf den Hof, soviel ich weiß jedenfalls. Dabei lebte mein Opa doch hier, ihr anderer Bruder. Schade eigentlich. Sonst hätten wir uns sicher früher kennengelernt."

„Weißt du vielleicht, wo Willy begraben liegt?"

„Drüben auf dem Friedhof." Der Vetter wies in Richtung Dorf, über dessen Häuser der Turm einer Kirche emporragte. „Wir können nachher ja hinübergehen."

Später standen sie an der Grabstätte der Familie. Auf einer Rasenfläche, die mit Buchsbaum eingefasst war, lagen die Gräber nebeneinander. In der Mitte der Anlage erhob sich eine Stele aus dunklem Marmor, in die eine Tafel eingelassen war. Sie enthielt die Namen und Daten der Toten, die hier ruhten.

Es war ein eigenartiges Gefühl für ihn, an der Grabstätte von Vorfahren zu stehen, über die er kaum etwas wusste. Ein Teil meiner Geschichte liegt hier, dachte er und trat heran, um besser lesen zu können. Die Daten der ersten Namen verwiesen noch auf das vorletzte Jahrhundert, die Schrift war altdeutsch. Später war ein Ehepaar aufgeführt, bei dem es sich um die Eltern der Großmutter handeln musste. Der Mann war in den 30er-Jahren des letzten Jahrhunderts verstorben, die Frau nach Kriegsende.

„Da steht sein Name.“ Der Vetter wies auf die Stelle. Willy war zwei Jahre älter als die Großmutter gewesen, als Todesjahr war 1943 angegeben. „Wenn er tatsächlich gefallen wäre, dann stände ein Eisernes Kreuz dahinter“, fuhr der Vetter fort. „Du kennst ja wohl das Zeichen. Es findet sich ringsum auf vielen Gräbern als Hinweis darauf, dass der Tote als Soldat in fremder Erde liegt. Aber Willy ist tatsächlich hier bestattet worden. Er war auch nie Soldat.“

„Aber warum hat die Großmutter es dann behauptet? Sie muss doch wissen, was aus dem Bruder geworden ist!“

„Ich werde dir jetzt etwas erzählen“, sagte der Vetter. „Ich habe dir vorhin nicht alles gesagt, was ich weiß, als du nach Willy fragtest. Da kannte ich dich ja noch kaum und wusste nicht, warum du solche Fragen stellst. Es geht schließlich um ein Thema, über das man nicht so gerne spricht. Aber du gehörst zur Familie, und deshalb kannst du es ruhig wissen. Willy war geistig behindert. Deshalb ließen sie ihn auch nur ganz selten aus dem Haus. Verstehst du jetzt, wieso deine Großmutter – meine Großtante ist sie ja wohl – sich daran erinnert, wie er immer am Fenster stand? Das hat sich ihr wohl so eingeprägt.“

„Und wie ist Willy wirklich gestorben?“

„Er kam zuletzt in eine Anstalt. Dort ist er dann gestorben. Das war wohl auch das Beste für ihn, hat der Opa gesagt. Die Urne wurde der Familie zugeschickt.“

Während er wieder zurückfuhr, dachte er nach über das, was er vom Vetter erfahren hatte. Die Großmutter hatte ihm also nicht die Wahrheit gesagt. Und die Mutter auch nicht, falls sie mehr wusste, als sie zugegeben hatte, was er inzwischen für möglich hielt. Es war doch offensichtlich, dass sie ihre Mutter schützen wollte. Aber wovor? Und wieso durfte er nicht die Wahrheit wissen? „Im Krieg geblieben“ – damit war er abgespeist worden. Glaubten sie etwa, er sei immer noch der kleine Junge und könne mit der Wahrheit nicht umgehen? Seine Entrüstung wuchs. Er hatte den Vetter noch gefragt, ob er Näheres über die Umstände wisse, unter denen Willy in die Anstalt gekommen und gestorben sei. Ob es Unterlagen darüber gebe. Die Fragen wurden verneint. Aber er würde sich nicht damit zufriedengeben, beschloss er. Er würde weiterfragen und nach Antworten suchen. So schnell wollte er nicht aufgeben.

In den nächsten Tagen machte er mehrere Anrufe. Zuerst wandte er sich an die Anstalt, in die Willy damals eingeliefert worden war und deren Namen ihm der Vetter genannt hatte. Die Klinik, die früher die offizielle Bezeichnung ‚Heil- und Pflegeanstalt‘ trug, in der Bevölkerung aber nur ‚Irrenanstalt‘ hieß, war inzwischen privatisiert worden. Auf seine Frage, ob noch Patienten-Unterlagen aus der Zeit vor 1945 vorhanden seien, erhielt er die Auskunft, man habe die Dokumente einem staatlichen Archiv übergeben.

Dort rief er als Nächstes an und trug sein Anliegen vor. Man versprach, der Anfrage nachzugehen. Einige Tage später erfuhr er, dass der Bestand an Krankenakten, den das Archiv übernommen habe, erhebliche Lücken aufweise und Unterlagen über den Gesuchten nicht auffindbar seien. Seine Hoffnung sank. Er gebe ihm aber den Rat, fuhr der Auskunft Erteilende fort, sich mit einer Frau in Verbindung zu setzen, die über die Anstalt geforscht und vor der Privatisierung die damals vorhandenen umfänglichen Aktenbestände durchgearbeitet habe.

Er setzte sich mit ihr in Verbindung. „Ich helfe Ihnen gern, soweit ich das kann", sagte sie. „Einen Teil des Materials habe ich seinerzeit kopiert. Möglicherweise sind Unterlagen dabei, die später ausgesondert worden sind, aus welchen Gründen auch immer. Solche Dinge geschehen leider. Geben Sie mir etwas Zeit. Ich melde mich auf jeden Fall zurück." Er machte sich neue Hoffnungen. Am nächsten Tag schon kam der Anruf. „Sie haben Glück", sagte die Frau. „In meinen Unterlagen habe ich ein Dokument gefunden, das sich auf Ihren Verwandten bezieht. Wenn Sie wollen, schicke ich Ihnen eine Ablichtung zu." Zwei Tage später lag ein brauner Umschlag in seinem Postkasten. Er öffnete ihn und nahm drei Blätter heraus. Der Schriftkopf auf dem ersten Blatt nannte die Anstalt, in die sein Verwandter eingewiesen worden war. ‚Krankheitsverlauf' stand in Druckbuchstaben darunter. Es folgten der Name und die Einträge in zeitlicher Abfolge.

Was er las, erschütterte ihn. Offensichtlich war die Einlieferung selbst ohne besondere Probleme vor sich gegangen. Aber dann habe der Patient die Nahrungsaufnahme verweigert, hieß es, geschrien und getobt, sodass er „ruhiggestellt" werden musste. Wie das geschehen war, wurde nicht gesagt. Später war davon die Rede, er nässe ein und beschmiere alles mit Kot. Er sei tätlich geworden, „gemeingefährlich“, und man habe ihn isolieren müssen. Es handle sich um einen „hochgradigen Idioten“, dessen Zustand keinerlei Verbesserung erwarten lasse, so die abschließende Diagnose.

Der Leidensweg war kurz. Zwischen Einlieferung und Tod vergingen kaum drei Monate. Als Todesursache war „allgemeiner körperlicher und geistiger Verfall“ angegeben.

Er fragte die Frau danach, als er sie zurückrief. „Das ist eine Standardformel“, sagte sie, „die die wirklichen Gründe verschleiert. Durch meine Forschungen weiß ich, dass die Patienten in dem Zeitraum, in dem auch Ihr Verwandter gestorben ist, regelrecht verhungert sind. Die Essensrationen waren so bemessen, dass ein Überleben kaum möglich war. Es war auch nicht erwünscht. Schließlich handelte es sich um ‚lebensunwertes‘ Leben, in der Sicht des Regimes.“

Er wollte wissen, wer für die Einweisung verantwortlich war. „Da arbeiteten eine Reihe von Instanzen zusammen“, sagte sie. „Es gab den Amtsarzt, der ein Gutachten erstellte, die ‚Abteilung für Erb- und Rassepflege‘ und das ‚Hauptamt für Volksgesundheit‘, um nur einige zu nennen. Das Verfahren war durch Gesetze und Verordnungen geregelt. Wenn es Sie interessiert, kann ich Ihnen Untersuchungen zur Thematik nennen. Das Regime war jedenfalls bemüht, jeden zu erfassen, der ‚erbbiologisch unerwünscht‘ war. Leider

gehörte wohl auch Ihr Verwandter zu diesem Personenkreis."
„Musste die Familie ihre Einwilligung geben?", fragte er.
„Ich habe doch schon darauf hingewiesen, dass es ein Instanzenweg war", antwortete sie etwas ungeduldig. „Die Familie kam dabei nicht vor. Es mag Fälle gegeben haben, in denen sie eine Einlieferung verhindern konnte", schränkte sie ein. „Aber das waren wohl eher Ausnahmen. Ich habe darüber auch keine Kenntnisse."
Er bedankte sich für die Auskünfte und legte auf.
Jetzt sah er die Zusammenhänge klar vor sich. Willy hatte in seiner Familie gelebt, bis weit in die Kriegszeit hinein. Was für eine Art Leben das war, konnte er nicht beurteilen. Dafür wusste er zu wenig. Aber immerhin, Willy hatte ein Zimmer gehabt, er hatte den anderen zusehen dürfen, und er hatte überlebt, zwanzig Jahre lang. Dann waren die Nazis gekommen, hatten ihn abgeholt und in einer Anstalt binnen kürzester Zeit verrecken lassen – ‚Euthanasie' nannten sie das ja wohl. Aber ein ‚guter Tod' war es mit Sicherheit nicht gewesen. Das wusste er jetzt aus dem Dokument.

Was fing er mit diesem Wissen an? Er hatte noch keinen Entschluss gefasst, als er zu seinem nächsten Besuch bei der Großmutter fuhr.
Sollte er ihr erzählen, dass er auf dem Hof gewesen war? Sie würde gleich wissen, was er dort gewollt hatte. Da unterschätzte er sie nicht.

Ich kann ihr ja anbieten, die Fahrt noch einmal zu unternehmen und mit ihr das Grab aufzusuchen. Ich kann auch mit ihr zu der Anstalt fahren und ihr sagen, was ich über den Tod des Bruders herausgefunden habe, mit aller Schonung natürlich. Aber wenn sie nicht will, dann soll sie es sagen, und ich werde sie in Ruhe lassen. Sie kann das Angebot annehmen oder nicht.
Wie immer freute sie sich, dass er kam. Er erzählte von seiner Arbeit, und sie sprach davon, was sich inzwischen im Heim ereignet hatte. Ein Mitbewohner war gestorben und auf dem nahe gelegenen Friedhof beerdigt worden. „Weißt du eigentlich, dass ich mal eingeäschert werden möchte?“, fragte sie. „Ich habe kürzlich schon mit deiner Mutter darüber gesprochen. Aber du sollst es auch wissen.“
„Und wo möchtest du beerdigt werden?“, fragte er.
Sie überlegte einen Moment, dann sah sie ihn an. „Wie meinst du das denn?“ Plötzlich war ihr Blick voller Abwehr.
Er gab sich innerlich einen Ruck. „Ich bin vor einigen Wochen auf dem Hof gewesen“, sagte er. „Dabei habe ich auch den Friedhof besucht. Deshalb frage ich.“
„Und was wolltest du dort?“
„Ich wollte Willys Grab sehen. Ich weiß jetzt auch, dass er nicht gefallen ist, sondern in einem Heim gestorben. Warum hast du mir das eigentlich nicht gesagt? Es ist doch längst bekannt, was die Nazis damals getan haben, Euthanasie und so weiter. Das ist doch etwas, worüber man sprechen kann. Ihr konntet doch nichts dafür.“

Sie stand auf aus ihrem Stuhl, ging zum Fenster und sah hinaus. Dann kam sie zurück und stellte sich vor ihn hin. Früher war sie eine hochgewachsene Frau gewesen. Jetzt war sie alt und gekrümmt und musste zu ihrem Enkel aufsehen.

„Du weißt gar nichts“, sagte sie. „Ihr glaubt heute, ihr wüsstet alles über diese Zeit. Aber in Wirklichkeit wisst ihr nichts. Mutter und ich haben uns um Willy gekümmert. Er war so gutmütig und hat keiner Fliege was zuleide getan. Im Dorf gab es noch andere wie ihn. Die gab es doch überall, wegen der Inzucht. Den meisten anderen ist nichts passiert. Aber den Willy haben sie abgeholt. Er hat so geschrien, als sie ihn holten. Er beruhigte sich erst, als Mutter und ich in den Wagen stiegen.“

Sie fuhr sich mit den Händen über das Gesicht.

„Und warum ausgerechnet Willy?“

„Unser Bruder wollte es so. Er war in der Partei und Ortsbauernführer. Wir müssten ein Vorbild sein, hat er gesagt.“

„Aber wie konntet ihr bloß mitfahren?“, fragte er.

„Was hätten wir denn tun sollen?“

Die Erzählung beruht auf einer Reihe unterschiedlicher Informationen über Zusammenhänge, die mit dem NS-Massenmord an (geistig) Behinderten, der sogenannten ‚Euthanasie' zu tun haben und dem Verfasser aus der Region zugetragen worden sind.

Mit dem Teufel tanzen

Als er nach draußen trat, spürte er den Regen im Gesicht. Der Wind erfasste die Soutane und wirbelte sie um seine Beine. Er öffnete den Schirm und hielt ihn dem Wind entgegen. Doch woher kam der Wind? Hier am Dom und zwischen den hohen Giebelhäusern wusste man nie, woher er eigentlich wehte. Jeden Moment konnte er die Richtung wechseln, und wehe dem, der nicht auf der Hut war. Dem stülpte er den Schirm um, dass die Bespannung von den Speichen riss. Ein neuer Schirm aber war in diesen Zeiten nicht leicht zu beschaffen, und so bemühte er sich, den seinen stets richtig zu halten.
Gott sei Dank hatte er es nicht weit. Die Gaststätte lag nur wenige Schritte vom Generalvikariat entfernt. Unbeschadet legte er die Strecke zurück und erreichte die Tür. Er schüttelte den Schirm aus und holte noch einmal tief Luft. Er wusste, was ihn erwartete. Dann öffnete er die Tür und trat ein.
Die Luft im Schankraum war abgestanden und roch nach Bier und Tabak. Stimmengewirr schlug ihm entgegen. Die Wirtschaft war gut besucht, wie immer nach Feierabend. Das hatte sich auch im vierten Kriegsjahr nicht geändert. Es handelte sich um keine Eckkneipe, in der Arbeiter verkehrten. Das war schon an der Kleidung der Gäste zu erkennen, von denen die meisten Anzug trugen, mit dem Parteiabzeichen am Revers, wie er mit einem schnellen Blick erkannte. Aber

auch Angestellte des Generalvikariats und der Bischöflichen Kanzlei waren da, die sich erhoben und ehrerbietig grüßten, als sie ihn erkannten. Freundlich grüßte er zurück und blieb auch wohl für einen Moment stehen, um mit jemandem ein paar Worte zu wechseln. Er nickte dem Wirt hinter dem Tresen zu, der ihm mit einer höflichen Handbewegung die Richtung wies. Das wäre allerdings nicht nötig gewesen. Er wusste, wohin er zu gehen hatte.

Im hinteren Teil führten hölzerne Stufen hinauf zum Restaurantbereich, der durch eine Balustrade vom Schankraum getrennt war. Doch es war noch nicht die Zeit, um zu Abend zu essen. Die meisten Tische hier oben waren unbesetzt. An einem, der am Fenster stand, saßen zwei Männer und sahen ihm entgegen. Sie trugen Zivil, ihre ledernen Mäntel und die Hüte hatten sie an die Garderobe gehängt. Vor ihnen auf dem Tisch standen Biergläser und Cognacschwenker, die aber geleert waren. Als er herantrat, erhoben sich die beiden zur Begrüßung und schüttelten ihm die Hand. Sie warteten, bis er seinen Schirm an der Garderobe abgestellt hatte und zum Tisch zurückkehrte. Dann nahmen alle Platz.

Inzwischen war der Wirt herbeigekommen und fragte nach der Bestellung. „Das Gleiche wie vorhin", sagte der Ältere der beiden. „Für Hochwürden natürlich auch. Und nehmen sie die da mit." Der Wirt räumte die Gläser ab und ging wieder.

„Gut, dass Sie kommen konnten." Der Ältere beugte sich zu ihm herüber. „Wir wissen, dass Sie viel zu tun

haben. Aber die Sache duldet keinen Aufschub. Ich fürchte, in Ihre Herde hat sich mal wieder ein schwarzes Schaf verirrt. Womit ich nichts gegen Ihre Kleidung gesagt haben will.“ Die beiden Männer lachten.
Der Sprecher hatte ein hageres Gesicht mit dem bekannten Bärtchen auf der Oberlippe. Er trug eine randlose Brille, das graue Haar war kurz geschoren. Der Jüngere war glatt rasiert und blond, das Haar mit exaktem Scheitel versehen und zu den Seiten gekämmt. In ihren grauen Anzügen hätten die beiden ohne Weiteres als Kaufleute oder Angestellte durchgehen können, wären da nicht die Ledermäntel an der Garderobe gewesen. Sie machen kein Hehl daraus, woher sie kommen, dachte er. Die Öffentlichkeit gehört zu ihrem Spiel. Und ich spiele es mit.
„Ich bin auch froh, dass wir uns treffen können“, sagte er, „um einen Weg zu finden, wie wir die Angelegenheit bereinigen können. Aber sagen Sie, ist die Sache denn wirklich so gravierend, dass es Ihnen nötig erscheint, gegen meinen Amtsbruder vorzugehen? Ich kenne ihn gut, seit vielen Jahren, und ich kann Ihnen versichern, er ist ein national gesinnter deutscher Mann und guter Christ, der sein Amt stets gewissenhaft ausgeführt hat. Auch der Herr Bischof schätzt ihn sehr. Mag sein, dass der Amtsbruder manchmal noch etwas Schwierigkeiten hat, mit der neuen Zeit zurechtzukommen“, gestand er ein. „Vergessen Sie nicht, er ist über sechzig. Er hat als Soldat im Weltkrieg gekämpft und Auszeichnungen erhalten. Das sollte vielleicht auch berücksichtigt werden.“

„Verzeihen Sie, Hochwürden, aber das kommt mir bekannt vor“, mischte sich jetzt der Jüngere ins Gespräch. „Wir hatten da kürzlich einen alten Juden, der seine Orden aus dem Krieg trug, als wir ihn besuchten. Er dachte wohl, damit käme er durch. Ist er aber nicht. Ich habe ihm eine Ohrfeige gegeben und die Orden abgerissen. Das war in der Hasestraße, gleich nebenan. Jetzt ist sie judenfrei. Diese Nachbarn sind Sie los, da sollten Sie uns eigentlich dankbar sein. Sie mochten sie doch auch nicht.“

Er hätte sich wohl noch weiter über das Thema ausgelassen, doch der andere bremste ihn. „Das reicht, Kollege! Sie wollen ja wohl nicht einen katholischen Priester mit einem Juden vergleichen, oder? Das würde Hochwürden sicher nicht gefallen.“

Er wandte sich ihm zu. „Mein junger Kollege ist etwas übereifrig, verzeihen Sie“, sagte er. „Wir sollten aber jetzt weiter über unseren Fall reden.“

Er griff nach einer Aktentasche, die auf einem freien Stuhl stand, holte einen Ordner heraus und öffnete ihn an einer Stelle, die durch ein Lesezeichen markiert war. „Hören Sie sich das mal an. ‚V. ist des Kanzelmissbrauchs beschuldigt. Er hat von der Kanzel aus unwahre Behauptungen aufgestellt. Es seien Leute wegen ihres Glaubens in Gefängnisse und Konzentrationslager gesteckt worden. Dort sei ihnen die Bibel verweigert worden. Man habe ihnen dafür Hitlers ‚Mein Kampf' gegeben, und Ähnliches'“, las er mit erhobener Stimme vor. „Das wurde über Ihren Kollegen schon vor Jahren vermerkt. Wir haben ihn damals ernstlich verwarnt, aber es ist weitergegangen, wie die Berichte zeigen. Die Beweise habe ich hier."

Er schlug mit der Hand auf das Papier. „Ein weiteres Beispiel: ‚V. hat in seiner Predigt den Bibeltext zugrunde gelegt: ‚Man muss Gott mehr gehorchen denn den Menschen.' Seine Ausführungen darüber ließen deutlich erkennen, dass V. sich gegebenenfalls den Anordnungen kirchlicher und staatlicher Behörden widersetzen wird.' Es ist noch nicht lange her, dass er das verkündet hat. Was sagen Sie dazu?"

Er lehnte sich in seinem Stuhl zurück.

In diesem Moment erschien der Wirt mit den Getränken. Er stellte vor jeden ein Glas Bier und einen Cognac hin. „Haben die Herren noch einen Wunsch?", fragte er. Mit einer ungeduldigen Handbewegung entließ ihn der Ältere.

Aber die kurze Zeitspanne hatte gereicht, um eine Antwort zu überlegen. „Wie sicher sind überhaupt die Informationen?", fragte er. „Ich weiß aus eigener Erfahrung, dass es in jeder Gemeinde Eifersüchteleien und Intrigen gibt. Vielleicht wollte ja jemand dem Amtsbruder am Zeuge flicken, wie man so schön sagt. Oder Ihr Gewährsmann hatte das Gefühl, er müsse mal wieder durch eine Meldung auf sich aufmerksam machen. Sowas soll vorkommen ..."

„Wollen Sie damit sagen, auf unsere Vertrauensleute sei kein Verlass?" Die Stimme des Jüngeren klang scharf, als er das fragte.

„Nein, nein!" Abwehrend hob er die Hände. „Ich habe vollstes Vertrauen in die Zuverlässigkeit Ihrer Gewährs-

leute. Ich will nur sagen, dass auch sie mal einem Irrtum unterliegen können, wie alle Menschen. Etwas missverstehen etwa."
„Jetzt lasst uns erst mal trinken. Prost!" Der Ältere unterbrach die Auseinandersetzung, indem er das Bierglas hob und es mit einigen Schlucken leerte. Dann stürzte er den Cognac hinunter. Die beiden anderen folgten seinem Beispiel.
„Ausgezeichnet, dieser Cognac! Allein schon dafür hat es sich gelohnt, dass wir Frankreich erobert haben. ‚Siegreich wolln wir Frankreich schlagen, sterben als ein Held'", summte er vor sich hin. „Aber wie ist das nun mit diesem ‚Man muss Gott mehr gehorchen denn den Menschen'? Ist das denn auch Ihre Meinung, Hochwürden?" Er beugte sich zu ihm vor.
„Wenn Gottes Gebot und menschliches Wollen in Widerspruch stehen, dann würde ich sagen: Ja. Aber der Führer begreift sich doch als Werkzeug der Vorsehung, das hat er oft gesagt. Und was könnte die Vorsehung anderes sein als das, was in der Kirche Gott genannt wird? Also meine ich, die Frage stellt sich in unserem Fall gar nicht, oder?"
Befriedigt lehnte er sich zurück. Daran würden sie zu knacken haben, dachte er.
Die beiden anderen tauschten einen kurzen Blick. Der Ältere zuckte die Achseln.
„Das sind doch Spitzfindigkeiten", sagte er verdrossen. „Sie können mir doch nicht erzählen, dass Ihr Kollege das gemeint hat. Dass er sich mit diesem Zitat für den Erfolg der nationalsozialistischen Bewegung aus-

gesprochen hat. Nun machen Sie uns mal nichts vor, Hochwürden. Wir können auch anders. Ich sag' Ihnen jetzt mal klipp und klar, dass dieser Priester verschwinden muss. Wir dulden nicht, dass er in seinem Dorf für Unruhe sorgt, indem er gegen uns hetzt. Was er da sagt, klingt verdächtig nach Heimtücke. Sie wissen ja, dass es ein Gesetz dagegen gibt. Der Chef wollte die Sache schon weitergeben. Solche wie der gehören nach Dachau, hat er gesagt. Da sind schon einige von seiner Sorte versammelt. Ich hab dem Chef gesagt, dass ich ja nochmal mit Ihnen reden kann. Und was soll ich ihm nun melden?"

Aha, es war also so weit. Jetzt sollte der Handel beschlossen werden. ‚Do ut des' – der alte lateinische Spruch kam ihm in den Sinn. ‚Ich gebe, damit du gibst.' Was hatte er anzubieten, um den Angeschuldigten vor dem Lager zu retten?

„Sie sprachen gerade von der Unruhe, die angeblich von meinem Amtsbruder ausgeht, der im Übrigen kein Hetzer ist. Dazu kenne ich ihn zu gut. Ich fürchte nur, dass gerade dann Unruhe entstehen würde, wenn man ihn verhaftete. Er ist in seiner Gemeinde sehr beliebt, und die Menschen vertrauen ihm. Sie würden es nicht verstehen, dass ihr langjähriger Seelsorger vor Gericht gestellt und vielleicht sogar in ein Lager eingewiesen wird. Der Herr Generalvikar ist über den Fall informiert. Er hat bereits mit dem Mitbruder gesprochen, der bereit ist, auf seine Pfarrstelle zu verzichten und die Versetzung in den Ruhestand zu beantragen, aus gesundheitlichen Gründen. Unser Hochwürdigster Herr Bischof wird dem Antrag stattgeben, davon ist der Herr Generalvikar fest überzeugt. Ich bin befugt, Ihnen das zu sagen.“

„Dann wäre ja alles geklärt. Ich wusste ja, dass wir uns einigen.“ Der Ältere war sichtlich erleichtert. „Schließlich wollen wir doch alle Ruhe im Lande, gerade jetzt, wo der Schicksalskampf im Osten in seine entscheidende Phase getreten ist. Darauf sollten wir jetzt aber noch einen nehmen. Ich schlage vor, wir gehen an die Theke. Hier oben ist man so für sich, das ist auf die Dauer ungemütlich. ‚Es ist nicht gut, dass der Mensch allein sei.‘ Steht das nicht schon in der Bibel?“

„Sie scheinen sich darin ja auszukennen“, sagte er. „Gehe ich recht in der Annahme, dass Sie religiös erzogen worden sind?“ Der andere schien einen Moment lang zu überlegen, was er antworten solle. „Das habe ich lange hinter mir“, sagte er dann. „Das geht vorbei wie Kinderkrankheiten. Aber nichts für ungut“, fügte er hastig hinzu, „das sollte jetzt ein Scherz sein. Kommen Sie, Hochwürden! Wir wollen doch den anderen zeigen, dass Staat und Kirche sich gut vertragen.“

Die Theke war voll besetzt, als die drei Männer herantraten. Aber man machte ihnen Platz. Die anderen Gäste traten zurück, sodass zwischen ihnen und der Dreiergruppe ein deutlicher Abstand blieb. „Eine Lage für uns und den Heiligen Vater!“, rief der Jüngere dem Wirt zu. Die Umstehenden lachten.

„Ganz so weit ist es ja wohl noch nicht“, sagte er und lächelte etwas mühsam.

„Kommt schon noch. Ein deutscher Papst, das wär doch mal was. Es muss doch nicht immer ein Italiener sein. Dem Duce würde das zwar nicht gefallen, aber wenn wir erst gesiegt haben, ist alles möglich. Trinken wir auf den Endsieg! Wo bleibt denn der Wirt?“

Es dauerte eine Weile, bis er sich endlich der Thekengemeinschaft entziehen konnte. Der Alkohol begann, ihm zu Kopfe zu steigen, und er wollte verschwinden, ehe er Gefahr lief, etwas Unbedachtes zu sagen. Unter Hinweis darauf, dass noch Arbeit auf ihn warte, verabschiedete er sich und ging zum Ausgang. Er wollte schon hinaus, als der Ältere ihn zurückrief. „Sie haben Ihren Schirm vergessen, Hochwürden“, sagte er grinsend. Er hastete zurück und holte ihn. Als er wieder an der Theke vorbeikam, prostete man ihm lautstark zu. Er war froh, als er endlich ins Freie kam.
Draußen hatte es aufgehört zu regnen. Die Abendsonne war hinter den Wolken hervorgetreten und vergoldete die Türme des Doms und das steinerne Standbild, nach dem auch die Wirtschaft benannt war, die er gerade verlassen hatte. Von den Dächern sangen die Amseln. Zwar hatte der Luftkrieg der Stadt bereits die ersten Wunden geschlagen, aber hier im Zentrum waren sie kaum bemerkbar.
Die kühle Luft machte seinen Kopf wieder klarer. Das wäre geschafft, dachte er. Drecksarbeit! Und sich dann auch noch verhöhnen lassen müssen. Doch der unvorsichtige Mitbruder war gerettet, fürs Erste jedenfalls. Er würde nun nicht nach Dachau kommen wie der an-

dere aus dem Bistum, der dort seit einem halben Jahr saß. War der Preis zu hoch? Die Kumpanei mit der Gestapo, in aller Öffentlichkeit vollzogen? Aber vielleicht ging es manchmal nicht anders. Wer anderen helfen will, muss manchmal auch mit dem Teufel tanzen, dachte er.

Der Ältere stieß den Jüngeren an. „Das vorhin mit dem deutschen Papst war gut. Das ist überhaupt die Idee. Den lassen wir dann die Selbstauflösung der Kirche vornehmen, wie wir das damals bei den Parteien gemacht haben, und dann sind wir sie für immer los. Genial!" Er schlug dem anderen auf die Schulter.
„Ich kann die Brüder nicht ausstehen", sagte der Jüngere. „Ich traue ihnen nicht über den Weg. Wie der Kerl sich gerade herauszuwinden versuchte! ‚Man muss Gott mehr gehorchen denn den Menschen' – das ist doch gegen den Führer gerichtet. Der meint wohl, wir merken das nicht. Der hält uns wohl für blöd. Aber da hat er sich getäuscht. Ich sag dir eins: Die Kommunisten und die Juden haben wir erledigt. Jetzt warten wir mal den Endsieg ab. Dann kommt die Romkirche dran, endgültig!"

Absprachen wie die oben geschilderte fiktive hat es im Bistum Osnabrück tatsächlich gegeben. Es lässt sich auch belegen, dass sie in der Öffentlichkeit eines Lokals nicht weit entfernt vom Dom stattgefunden haben. Gesprächspartner der Gestapo-Beamten war ein hochrangiger Vertreter des Bistums.
Die Anspielung auf einen Geistlichen, der in den sogenannten ‚Priesterblock' des KZ Dachau eingewiesen wurde, ist auf Gustav Görsmann, Pfarrer in Gellenbeck bei Hagen am Teutoburger Wald, bezogen. Görsmann wurde inhaftiert, weil er trotz Verbots für (französische) Kriegsgefangene Gottesdienste abgehalten hatte. Er verstarb am 15. September 1942 in Dachau.
Die Zitate im Text, die die beiden Beamten anführen, stammen von Karten der Osnabrücker Gestapo-Kartei, die über einen evangelischen Geistlichen angelegt wurden. Unterlagen über katholische Geistliche sind in der Gestapo-Kartei nur ausnahmsweise vorhanden, da eine ‚Sonderkartei katholische Geistliche' existierte, die nicht erhalten geblieben ist.
Der Titel der Erzählung wurde in Anlehnung an eine Überschrift in der Neuen Osnabrücker Zeitung vom 16. 12. 2005 gewählt. Damals wurde im Anschluss an einen Vortrag eine Leserbrief-Kontroverse über die Verbindung Katholische Kirche – Gestapo in Osnabrück ausgetragen, wobei eine Gruppe von Zuschriften unter dem Titel ‚Muss manchmal auch mit dem Teufel tanzen' zusammengefasst erschien.

Dazwischentreten

I.

Ein Schlag mit dem Knüppel weckte ihn. „Aufstehen!" Er rollte sich von der Pritsche, konnte aber nicht verhindern, dass der Kapo noch einmal zuschlug, bevor er zum nächsten Häftling ging. Im ganzen Raum ertönte Geschrei. Alex und seine Männer waren wieder am Werk, wie jeden Morgen.

Sie wurden die steile Treppe hinunter und nach draußen zu den Latrinen getrieben. Ständig wurde geschlagen. Am schlimmsten traf es diejenigen, die an Durchfall litten und die Latrine nicht schnell genug verlassen konnten. „Ihr faulen Schweine! Glaubt ihr vielleicht, ihr seid zum Ausruhen hier?" Wer jetzt nicht mehr wegkam, riskierte es, ‚revierreif' geschlagen zu werden. Das konnte das Todesurteil bedeuten, denn auch im sogenannten ‚Krankenrevier' wüteten die Ukrainer.

Das Frühstück bestand aus zwei dünnen Scheiben Brot und einem wässerigen Getränk, das mal als Kaffee, mal als Suppe bezeichnet wurde, ohne dass sich die Zusammensetzung geändert hätte. Wer das Essen nicht schnell genug herunterbekam, lief Gefahr, von den Kameraden bestohlen zu werden. Dann kamen der Zählappell und das Einteilen zur Arbeit. Und immer wurde gebrüllt und geschlagen. Wieder ein Tag ohne Hoffnung.

Mit anderen zusammen wurde er zur Arbeit in der nahe gelegenen Stadt eingeteilt. Ein Lkw brachte sie hin.

Zusammengepfercht auf der offenen Ladefläche, dem eiskalten Wind ausgesetzt, bedeutete die Fahrt doch eine kurze Ruhepause.
Wenn er doch bloß vorsichtiger gewesen wäre! Seine Gedanken gingen zurück zu dem Tag, als man ihn verhaftete. Seit Sommer 1943 war er als Zwangsarbeiter in Deutschland. Man setzte ihn in der Reichshauptstadt ein, wo infolge der ständigen Bombenangriffe das Leben immer gefährlicher wurde. Mit anderen Niederländern beschloss er zu fliehen. Zu dritt machten sie sich auf den Weg und kamen bis nach Nordhorn, wo sie schließlich der Polizei in die Arme liefen. Er wurde der Gestapo in Osnabrück übergeben, die ihn ‚wegen Arbeitsvertragsbruchs' in ein Sonderlager einlieferte. ‚Arbeitserziehungslager' war die offizielle Bezeichnung. „Dort wird sämtlichen faulen, dreckigen Ausländern beigebracht, wie man arbeiten muss", hatte man ihm und seinen Schicksalsgenossen unmissverständlich erklärt. Als die Personalien aufgenommen wurden, gab er einen falschen Namen an. Das würde sie daran hindern, seine Spur zu verfolgen und Repressalien gegen die Familie vorzunehmen, hoffte er.
Die Festnahme war unmittelbar vor Weihnachten geschehen. Inzwischen musste es Januar 1945 sein. Das genaue Datum wusste er nicht. In der Lagerhölle war ihm das Zeitgefühl fast gänzlich abhanden gekommen. Da zählte nur eins: Überleben! Erst kürzlich war ein Pole totgeschlagen worden. Sein Verbrechen: Er hatte Brot aus dem Stall gestohlen, worin der Lagerleiter sich Kaninchen hielt. Die Tiere wurden gut gefüttert,

und zwar mit dem Brot, das man den Häftlingen vorenthielt. So zumindest ging das Gerücht.
Inzwischen passierte der Wagen die ersten Häuser der Stadt. Am Vortag hatte es einen Bombenangriff gegeben, und die Straßen waren noch nicht gänzlich frei geräumt. Vorsichtig bahnte sich der Wagen zwischen den Trümmern seinen Weg. Dann waren sie da. „Runter mit euch!“ Die Ladeklappe wurde gelöst, und sie sprangen auf die Straße.
Ein weiterer Lkw kam herbeigefahren. Als die Klappe herunterfiel, sah er, dass der Wagen mit Zementsäcken beladen war. Einer der Häftlinge, ein Russe, musste auf die Ladefläche steigen, um den anderen, die unten standen, die Säcke auf die Schulter zu setzen. Er war der Erste in der Reihe. Mit Schrecken sah er, wie der Mann auf der Ladefläche sich abmühen musste. Als dieser ihm schließlich den Sack auf die Schulter hievte, ging er sofort zu Boden unter der Last. Der Sack zerplatzte und hüllte ihn und die Umstehenden in eine Wolke von Zementstaub. Ein Aufseher stürzte herbei und schlug brüllend auf ihn ein.
Das ist das Ende, dachte er.
Wie aus weiter Ferne hörte er eine Frauenstimme, die etwas rief. Das Prügeln hörte auf. Mühsam erhob er sich. Er sah, dass vor dem Aufseher eine Frau stand ...

II.

Als die Tochter mit dem Kind endlich erschien, war sie erleichtert. Es hätte ja etwas passiert sein können. Schließlich hatte noch letzte Nacht Alarm die Bewohner der Stadt in Luftschutzkeller und Bunker gejagt, wie so oft schon. Zwar war diesmal der Angriff ausgeblieben, und alle Familienmitglieder, soweit sie am Ort lebten, schienen wohlbehalten zu sein. Aber in Zeiten wie diesen gab es keine Sicherheit.

Die beiden Frauen machten sich auf den Weg in die Innenstadt. Die Tochter schob den Kinderwagen mit der Vierjährigen darin. Die Kleine konnte zwar recht gut laufen. Aber so kamen sie schneller voran, und vielleicht konnte der Wagen auch als Transportmittel dienen, falls es ihnen gelänge, ein paar Lebensmittel einzukaufen.

Außer ihnen waren noch andere unterwegs. Die Zeit bis zum nächsten Angriff musste genutzt werden, um nach Verwandten und Freunden zu sehen und die notwendigsten Besorgungen zu machen. Die meisten gingen zu Fuß. Hin und wieder fuhr jemand mit dem Fahrrad, was aber mühsam war, da an vielen Stellen vom letzten Angriff noch Häuserschutt auf den Straßen lag. Autos waren kaum unterwegs, die Straßenbahn hatte den Betrieb bisher nicht wieder aufgenommen.

„Das kann ja jetzt nicht mehr lange dauern“, sagte sie zur Tochter, als sie sich gerade mühten, einen Wall von Trümmern zu überqueren. „Was wollen die denn noch bombardieren? Es ist doch schon alles kaputt.“

Das sagte sie so vernehmlich, dass sich jemand nach ihnen umdrehte. „Sprich nicht so laut. Du redest dich noch um Kopf und Kragen“, mahnte die Tochter mit unterdrückter Stimme.
„Das ist mir egal. Ich sage nun mal, was ich denke. Ich lass mir doch nicht von denen den Mund verbieten.“
Das stimmte. Ihr ganzes bisheriges Leben lang hatte sie sich nicht einschüchtern lassen. Das konnte sie sich auch nicht leisten. Schon als junge Frau hatte sie ‚ihren Mann stehen müssen’, im wahrsten Sinne des Wortes. Als er im Weltkrieg Soldat wurde, sprang sie für den Ehemann ein, der Eisenbahner war, und verrichtete seine Arbeit. Fünf Kinder hatte sie zur Welt gebracht. Als der Mann berufsunfähig wurde, lag es bei ihr, die Familie zu erhalten. Und bis jetzt hatte sie es geschafft.
Wirklich? Einer der Söhne war in Russland vermisst – in Kriegsgefangenschaft geraten, wie sie hoffte. Auch der Mann der Tochter und Vater des Kindes, das im Wagen saß, stand im Feld. Schon früher, bevor sie den Krieg anfingen, hatte sie die Nazis nicht gemocht und daraus auch kein Hehl gemacht. Als ein guter Bekannter als Kommunist ins KZ kam, hatte sie sich für ihn eingesetzt und erreicht, dass er wieder entlassen wurde. Jetzt wartete sie sehnlichst darauf, dass der braune Spuk ein Ende hätte und die Soldaten wieder heimkehrten.
Aber noch war es nicht so weit. Als sie die Innenstadt erreicht hatten, hörten sie plötzlich Geschrei. Sie bogen um eine Ecke und sahen einen Lastwagen vor sich, der offenbar gerade entladen wurde. Männer in Häft-

lingskleidung standen in einer Reihe, von uniformierten Aufsehern bewacht. Einer der Häftlinge lag am Boden, einen zerplatzten Sack neben sich, aus dem eine weißliche Masse hervorquoll. Staub lag in der Luft. Ein Uniformierter schlug mit seinem Knüppel auf den Liegenden ein, wobei er ihn wüst beschimpfte. Der Mann am Boden versuchte aufzustehen, brach aber unter den Hieben wieder zusammen. Sie sah das Gesicht des Schlägers und erkannte ihn. Er war aus ihrer Nachbarschaft und hatte keinen guten Ruf in dem alten Arbeiterviertel, denn es hieß, er arbeite für die Gestapo ...

III.

„Meine Mutter hat den Kerl vielleicht angeschrien! Ich weiß die Worte noch: ‚Solange ich hier stehe, kriegt der Mann keine Schläge mehr.' Da hat der Aufseher ausgeholt und ihr einen derartigen Schlag auf die Schulter gegeben, dass der Knüppel zerbrach. Aber sie hat das gar nicht beachtet, so aufgebracht war sie.

Wie wir da weggekommen sind, weiß ich heute nicht mehr. Aber ich weiß wohl noch, wie wir später verhaftet worden sind. Wir kamen gerade aus einem Geschäft heraus. Auf einmal standen zwei Männer da. ‚Mitkommen', haben die nur gesagt. Als wir fragten wohin, sagten sie nur: ‚Das werden Sie schon merken.'

Wir wurden ins Schloss gebracht, wo damals die Gestapo saß. Da mussten wir stundenlang warten, immer mit dem kleinen Kind dabei. Dann wurden wir verhört. Der Beamte war eigentlich ganz freundlich. Die Häftlinge sollten in der Öffentlichkeit nicht geschlagen werden, hat er gesagt. Aber Mutter hätte sich auf keinen Fall einmischen dürfen. ‚Wenn Sie mal wieder so etwas sehen, dann machen Sie einen großen Bogen', riet der Beamte. Mutter bekam eine offizielle Verwarnung, und das war's dann auch. Weiter passierte nichts."

„Und Sie waren damals also auch dabei, als Kind von vier Jahren", wandte der Interviewer sich jetzt an die jüngere der beiden Frauen. „Erinnern Sie sich denn überhaupt noch an den Vorfall?".

„Nicht genau. Es ist ja auch schon über fünfzig Jahre her. Aber ich erinnere mich noch gut, dass Großmutter manchmal davon erzählt hat. Nur hat sie dann immer gesagt, sie hätte dem Mann ‚eine gescheuert'. Aber das kann ja wohl nicht sein. Sonst wäre sie doch bestimmt ins KZ gekommen. Oder was meinen Sie?"

Die Osnabrücker Gestapo-Kartei vermerkt auf der für ‚ver Boom, Klaas Jan' angelegten Karteikarte:

„23.3.45 Wurde am 22.12.44 wegen Arbeitsvertragsbruchs für die Dauer von 8 Wochen in das AEL.-Ohrbeck eingewiesen. Am 9.3.45 wurde er zum hiesigen Arbeitsamt entlassen."

Der Name ist allerdings falsch, vgl. dazu o.
Adrian Eijke, wie er wirklich heißt, hat das Arbeitserziehungslager Ohrbeck überlebt. Anfang 2001 kam er zurück nach Osnabrück. Frau Luise Lütkehoff, die damals ‚dazwischengetreten' war und nach der er lange gesucht hatte, lebte nicht mehr. Aber ihre Tochter und die Enkelin konnten aufgefunden werden, sodass es Herrn Eijke möglich war, sich bei ihnen für die damals geleistete Hilfe zu bedanken.

Auf der Karteikarte von Frau Lütkehoff ist eingetragen:

„16.2.45 Die L. wurde am 13.2.45 staatspolizeilich gewarnt, weil sie einen mit der Bewachung von Häftlingen betrauten Mann beleidigt und tätlich angegriffen hatte."

Ob Frau Lütkehoff damals den Bewacher tatsächlich ‚tätlich angegriffen' hat, als Reaktion auf den Schlag, den er ihr versetzt hatte, lässt sich nicht mehr mit letzter Sicherheit feststellen.

Der Rat der Stadt Osnabrück hat sich dafür ausgesprochen, dass nach Luise Lütkehoff eine Straße in ihrem Heimat-Stadtteil Eversburg benannt wird (2001). Die Umsetzung dieses Vorhabens ist allerdings bis heute nicht geschehen (2010).
Die Darstellung stützt sich auf Artikel, die zwischen dem 26. Januar 2001 und dem 23. Oktober 2002 in der Neuen Osnabrücker Zeitung und den Osnabrücker Nachrichten erschienen sind, ferner auf einen Bericht des ehemaligen Ohrbecker Häftlings Adrian Eijke und eigene Recherchen/Interviews.